單周堯　著

文字訓詁叢稿

文史哲學集成

文農

單周堯

文史哲出版社印行

國家圖書館出版品預行編目資料

文字訓詁叢稿 / 單周堯著. -- 初版. -- 臺北市：
　文史哲,民 89
　　面；　公分. -- (文史哲學集成；426)
　含參考書目
　ISBN 957-549-278-1 (平裝)

　1.訓詁 – 論文,講詞等

802.107　　　　　　　　　　　　　89003065

文史哲學集成 ⑭⑳

文字訓詁叢稿

著　　　者：單　　　周　　　堯
出　版　者：文　史　哲　出　版　社
登記證字號：行政院新聞局版臺業字五三三七號
發　行　人：彭　　　正　　　雄
發　行　所：文　史　哲　出　版　社
印　刷　者：文　史　哲　出　版　社
　　　　　　臺北市羅斯福路一段七十二巷四號
　　　　　　郵政劃撥帳號：一六一八〇一七五
　　　　　　電話886-2-23511028・傳眞886-2-23965656

實價新臺幣四〇〇元

中　華　民　國　八　十　九　年　三　月　初　版

序

　　香港大學單周堯教授多年精治文字之學，著作甚豐，多次出席有關學術會議，深受推重。現在他將近時論文彙輯成集，以《文字訓詁叢稿》為題付梓，必會得到海內外學者歡迎。

　　中國文字淵源古遠，文字之學發軔也非常早。《周禮》載保氏掌養國子，教之六藝，其一就是六書。《漢書・藝文志》云，六書"謂象形、象事、象意、象聲、轉注、假借，造字之本也"。許慎《說文・敘》及鄭玄《周禮注》引鄭眾說，於六書名目略有不同，其間蟬嫣承續，顯明可見。據此，《說文》一書雖成於東漢，學脈則來自先秦，號為小學之祖，當之無愧。

　　清代漢學極盛，《說文》學亦如日中天。如單周堯先生本書所述，段玉裁之《注》，桂馥之《義證》，嚴可均之《校議》，朱駿聲之《通訓定聲》，王筠之《釋例》，皆卓然名家，以《說文》的多角度、多層次研究為中心，形成了傳統文字學的主線。到民國初，丁福保編纂《說文解字詁林》，採書多達一百八十餘種，一千多卷，仍有未盡，以致再有《補遺》之作。這門學問的閎富，於此可見。

傳統文字學當然難免有其局限，但仍是文字之學發展中不可掠過的。孟森先生一九二六年寫《讀說文解字詁林》，指出“《解字》一書，雖經清代諸儒之手，猶祇能解以前之滯義，未足盡以後之新知。新知之綱領，非求之於《解字》，無從得提挈之要，然則開來之用必且大於繼往”，實是公允的評價。

文字學新境界的開闢，端賴於地下古文字的發現。清中葉以降，殷周金文出現日眾，吳大澂作《說文古籀補》，已令學者耳目一新。及至一八九九年，甲骨文為王懿榮鑒定，嗣後興起的羅王之學，標誌着文字之學步入新的時代。現代考古學在中國奠立後，古文字材料大量出土，日新月異，更是前人夢想不及的。

以出土材料為主要依據的文字研究，開始曾受墨守傳統的一批學者排斥，以為旁門小道，但是這一正確的研究途徑，在許多學者努力下，終得發揚光大，做出十分重大的貢獻，有將傳統文字學取代之勢。不過，在學術的前進中也有一種偏向，有些專攻甲骨金文的學人，對文字學歷代積纍的成果置之不顧，甚或束書不觀，望文生義，所說自難有中肯之處。

因此，要使中國文字學切實發展，有必要使新出古文字的研究與傳統文字學，特別是《說文》學知識進一步融會結合起來。有一種流行說法，把傳統的研究稱做"文字學"，以出土古文字為主的研究稱做"古文字學"，失之割裂，似不足取。文字之學貴在通貫，不僅要說明一字形音義演變的源流，還須介紹歷代學者的見解。傳統《說文》學的優長，正有不少值得大家學習借鏡，在研究出土古文字時尤不能缺少。

單周堯先生治文字學，於《說文》學與地下古文字兼重，有印證之功，無偏廢之弊，這由《文字訓詁叢稿》書中諸篇，很容易看到。竊以為這一點，其方法論的意義，不下於文內蘊含的許多創見。近聞他有鑒於戰國文字上承

殷周，下啟秦漢，在文字變遷間居重要環節地
位，近年發現又甚繁多，有意主持研究項目，
用現代科技手段從事整理分析。這真是一個好
消息，相信不久大家會讀到他更多充滿新意的
論著。

　　　　　　　　　　　　　　李　學　勤
　　　　　　　　　　二零零零年二月廿三日
　　　　　　　　　　　　　於北京清華大學

文字訓詁叢稿
目錄

讀王筠
《說文釋例‧同部重文篇》札記

第一節

　　王筠（1784-1854）字貫山，號菉友，山東安邱人。博涉經史，尤深《說文》之學，著有《說文繫傳校錄》、《說文釋例》、《文字蒙求》、《說文句讀》，均能闡發許義，嘉惠後學。

　　王氏《說文釋例》一書，著於道光丁酉年（1837）。其作是書也，蓋欲獨闢蹊徑，補段玉裁（1735-1815）、桂馥（1733-1802）之不足。夫清代許學，以段、桂爲最著。段氏深於經術，長於音理，其注許氏之書也，積三十年之力，詳稽博辨，鉤玄探賾，惟勇於自信，故或流於專斷。桂氏著《說文解字義證》，則以群書印證許說，專事臚列，不下己意，惟縷悉條貫，學者自能觸類會通。王筠生段、桂之後，欲別樹一幟，乃有《說文釋例》之作。

蓋《段注》限於體制，故於許書之例，未能盡發無遺，且其書卷帙浩繁，所發許例，又散見於全書，非若分章立節、提綱挈領者之能一目了然也。桂馥、嚴可均（1762-1843）諸家，於許書義例，亦有所發明。惟就《說文》而通釋其例者，則無出王氏《說文釋例》之右。張穆《說文解字句讀・序》，謂王氏生平精詣所萃，在《說文釋例》一書，標舉郵畷、扶翼表襮之功，視段、桂爲偉。潘祖蔭（1830-1890）《說文釋例・書後》，亦謂王氏之學積精，全在《釋例》，標舉分別，疏通證明，能啓浹長未傳奧旨。于鬯（1854-1910）《讀王氏〈說文釋例〉》，則引潘氏之言，並加己見，其言曰：

> 《說文》自嚴氏《校議》、段氏《注》、桂氏《義證》之後，發明多矣……安邱王氏生三家後，成《說文釋例》、《句讀》兩書，於舊說之是者取之，非者辯之，又多心得，宜其傑出於三家之上……吳縣潘氏謂其學積精，全在《釋例》，標舉分別，疏通證明，能起浹長未傳奧旨。余讀其書，竊嘆爲知言；而心尤折服者，莫如同部、異部重文二例，所舉各若干字，皆確不可易……蓋此兩篇實

為至精至確，鑄成鐵案。[1]

觀諸家於王氏《說文釋例》一書，多所稱許。而于
鬯於王書《同部重文》、《異部重文》二篇，更推
崇備至，惜未能探賾鉤深。余撰是篇，於研治王書
《同部重文篇》者，當或有所助焉；至若《異部重
文篇》，則將另文論之。

第二節

　　王筠《說文釋例》卷 6 論《說文》之同部重文，
以為許慎恐竹帛迻謄，易滋魚亥，故即同音同義之
字，不盡使之類聚，其類聚者有三種：

　　（一）無部可入之字---如云、𩙻二字，不入雲
部，即無復可隸之部。

　　（二）偏旁相同之字---如祺之籀文禥，祀之或
體禩，仍從示義，不得入它部。

---

[1] 張穆說見《說文解字詁林》（臺北：商務，1970 年 1 月台 3
版）前編上頁 37a。潘祖蔭說見《說文釋例・書後》頁 1b。于
鬯說見《說文解字詁林》前編上頁 41b-42a。

（三）　聲義不合之字---如鼻之古文𦤝，雖從
囟從朱，兩體明白，而不可入此兩部，故附之鼻下。

王氏認爲非此三者，不應類聚，其類聚者，蓋
出後人妄爲迻併[2]。王氏以《玉篇》作參考，凡《玉
篇》異部而《說文》同部者，王氏以爲《玉篇》仍
許書之舊，而今本《說文》則爲後人所改。如玉部
瑱之或體顚，《玉篇》在耳部；玩之或體貦，《玉
篇》在貝部。王氏以爲原本《說文》顚當在耳部，
貦當在貝部，後人改置於玉部瑱、玩下耳。王氏之
說本於《文選·嘯賦·李善注》，王氏云：

> 嘯之籀文歗，《玉篇》在欠部，《說文》欠
> 部又有之，大徐率以部分前後，定欠部爲重
> 出，段氏又強生謬說，何其草率也！《文選·
> 嘯賦·李注》曰："籀文爲歗，在欠部。"
> 唐初所有字書，不過《說文》、《字林》，
> 李氏云然，恐人檢之口部不得也。《說文》
> 蓋經何人迻併，而欠部未刪，故重出。余知
> 許君列重文於兩部，本由此悟入也。[3]

---

[2] 見《說文釋例》（同治 4 年 1865 王彥侗刻本）卷 6 頁 1a-1b。
[3] 同上，頁 5a-5b。

案《說文解字》卷 2 上口部：

> 嘯，吹聲也。从口，肅聲。歗，籀文嘯从欠。[4]

又卷 8 下欠部：

> 歗，吟也。從欠，肅聲。《詩》曰：“其歗
> 也謌。”[5]

徐鉉（917-992）曰：

> 口部有此籀文嘯字，此重出。[6]

《文選·嘯賦·李善注》：

> 鄭玄《毛詩·箋》曰：“嘯，蹙口而出聲也。”
> 籀文爲歗，在欠部。《毛詩》曰：“其嘯也

---

4 《說文解字詁林》，卷 2 上，頁 598a。
5 同上，卷 8 下，頁 3879a。
6 同上。

歌。" [7]

沈濤《說文古本考》：

> 《文選‧嘯賦‧注》："籀文爲歗，在欠部。"
> 似古文口部無重文。[8]

王國維（1877-1927）《史籀篇疏證》：

> 《說文解字》口部："嘯，吹聲也。从口，
> 肅聲。歗，籀文嘯从欠。"又欠部："歗，
> 吟也。从欠，肅聲。《詩》曰：'其歗也歌'。"
> 是籀文、篆文均有歗字。案今《詩‧召南》
> "其嘯也歌"作"嘯"，从口，與"歌"爲
> 類，《箋》云："蹙口而作聲"，即許慎所
> 謂"吹聲"也。《王風》"條其歗矣"作歗，
> 从欠，與嘆、泣爲類，即許所謂"吟"（口
> 部："吟，呻也。"----原注）也。於"歗"
> 下反引《詩》"其歗也歌"，蓋出誤憶，或
> 誤筆也。《史篇》假歗爲嘯，故於嘯下重籀

---

[7] 《文選》（北京：中華，1977 年 11 月）頁 262。

[8] 《說文解字詁林》，卷 2 上，頁 598a。

文歗。若篆文則嘯爲吹聲，歗爲呻吟，二字
異義，故於欠部復出歗字也。[9]

朱駿聲（1788-1858）《說文通訓定聲》：

《詩》曰："其歗也謌"，按《江有汜》毛
本作嘯、歌。《中谷有蓷》："條其歗矣"，
《白華》："歗歌傷懷"，《釋文》皆云：
"本作嘯。"是嘯、歗同字，欠部重出，當
刪。[10]

馬敘倫（1884-1970）《說文解字六書疏證》：

倫按嘯、歗必是一字。《詩‧中谷有蓷》：
"條其歗矣。"《釋文》："歗，籀文嘯字，
本又作嘯。"使口部無此籀文，陸何據而言
此籀文嘯字乎？李亦謂籀文爲歗，豈李、陸
皆據僅存之《籀篇》爲言邪？然二人引書，
實未嘗一及《籀篇》也。是陸實據本書，然
李謂在欠部，則是口部無此歗字，顧又何據

---

[9] 《說文解字詁林》，卷 2 上，頁 599a。
[10] 同上，卷 8 下，頁 3879b。

而知爲籀文乎？蓋陸、李所見許書不同本，
陸見本欠部無歗，李見本口部無歗，其實許
書原無歗字，呂忱及見建武亡餘之《籀篇》，
乃以《籀篇》中歌嘯字作歗，故據增於口部
爲嘯之重文，即陸所見本也。李見本則校者
以歗字由口部迻此者也，而李知爲籀文，或
本有"籀文嘯"三字，如"籀文大"之例；
或即據陸說，意以證歗之即嘯也。陸之行輩
稍前於陸（堯案：此陸字當爲李字之誤），
陸書唐初已行，故成玄瑛作《老子義疏》已
引之，李自得據之也。唯李據陸言歗爲籀文
嘯字，而所見許書字在欠部，故申言之曰在
欠部。[11]

據以上諸家所論，可見《文選·嘯賦·李善注》謂
嘯之籀文歗在欠部之言，實不足以證明《說文》同
部重文本在異部之說，故許瀚甚不取此篇。[12]王氏
又云：

---

[11]　《說文解字六書疏證》（北京：科學出版社，1957 年 5 月第
　　　1 版）卷 16 頁 52-53。
[12]　見《說文釋例》卷 6 頁 55a。

口口部嚴之古文㜭，《玉篇》同，不入品部，
可知它重文之入別部者，蓋許君本然，非顧
氏立異。[13]

口口部嚴之古文㜭，《玉篇》同，不入品部，本可證
《說文》本有同部重文，不必在異部，王氏因有成
見，反謂“可知它重文之入別部者，蓋許君本然”，
是故許瀚曰：“此恐持之太過。”[14]

又《玉篇》以重文入它部者，多廁於後收字中，
王氏嘗以此起疑，王氏曰：

《玉篇》以重文入它部，率廁諸後收字中，
偶有在前者，必注其下曰：“不在後收字
中”，然其爲數殊寥寥也。余又不能無疑焉。
夫使許君本收於兩部，而後人合併之……顧
氏尙當見未合併之本，則其序之也，應與同
義之字類聚，而何以多廁後收中邪？將無許
君本收于同部，顧氏因偏旁不同，乃離析之，
以便人檢閱邪？又何以偏旁畫一者，顧氏亦

---

[13] 《說文釋例》卷 6 頁 6b。
[14] 同上。

如《說文》同部邪？世之君子，必有能知其
故者，姑獻其疑以俟焉。[15]

《玉篇》重文入它部者多廁後收字中，足證《說文》
本收於同部，後人離析之耳，非如王筠所謂《說文》
本異部，後人合併之也。許瀚曰：

必無後人合併之事，《玉篇》之離析，尙恐
不盡由顧氏也。[16]

其言是也。蓋《說文》於一字而有數義數音者，說
解中多兼釋之，則一字而有數形者，當亦兼收。是
故同部重文，當爲《說文》正例；異部重文，則爲
變例。觀《說文》每部之後，既曰文若干，又曰重
若干，是許慎作書時，即以重文列之同部，可無疑
矣！[17]王筠竟謂同部重文本在異部，立論純任主觀，
單文孤證，實不足取，而于鬯竟爲之心折，以爲至
精至確，不亦可異也哉！

---

[15] 《說文釋例》卷 6 頁 54b-55a。
[16] 同上，頁 54b。
[17] 參陳晉《說文研究法》（上海：商務，1934）頁 87。

第三節 《說文釋例·同部重文篇》摘要研究

　　王筠《說文釋例》謂《說文》同部重文本在異部，其說之非，本文第二節已辨之矣。其《同部重文篇》中各條，或但言《說文》某篆之同部重文，《玉篇》在異部者，茲不逐一細辨。篇中較精要者，則深探竟討，旁考諸家之說，網羅廣聞，裁以管見，爲之斠詮。冀後之瞻涉者，可以博參廣寤爾。

（1）　一、弌

　　王筠《說文釋例》：

　　　　弌蓋從一弋聲也，入一部固宜，《玉篇》亦同。特說曰古文，恐是奇字也；一字當最古。印林曰：“一古於弋，是也，似《六書故》已言之。從弋聲則非也。前篇謂爲扆飾，是也。弋古音之部，一古音至部，弋，《廣韻·職韻》‘與職切’，一，《廣韻·質韻》‘於悉切’，古今韻皆不合也。況更有弌，弌之必不可弋聲乎！”[18]

---

[18]　《說文釋例》卷 6 頁 1b-2a。

又《說文釋例·補正》曰：

> 王汾泉《說文音義》曰："古一、弋皆有意
> 者。《禮記》'壹戎衣'，《尚書》作'殪
> 戎殷'；'田獵畢弋'，《鄭注》云：'今
> 《月令》弋爲弋'。是古文弌以弋爲聲，式、
> 弍則因弋而遞加也。前修謂古文不盡可以六
> 書推，此類皆是。" [19]

王氏所引王汾泉[20]說，今見《說文五翼》[21]。王筠《說
文句讀》仍引王汾泉說，並云：

> 筠案：《方言》："一，蜀也。"《廣雅》：

---

[19] 《說文釋例·補正》卷 6 頁 1a。

[20] 汾泉，《說文解字詁林·引用諸書姓氏錄》頁 62a 作汾原，該
條全文如下："王煦，字汾原，號空桐，清浙江上虞人，乾
隆舉人，著《說文五翼》。"

[21] 林明波《清代許學考》（臺灣：嘉新水泥公司文化基金會，1964
年 11 月初版）頁 170 曰："是編（謂王煦《說文五翼》----引
者）成書，並以授之梓人，約在嘉慶癸亥（1803）年間，至戊
辰（1808）全書刻畢。唯王氏於辛酉（1801）年攝崇信篆，嘗
先以《音義》數卷付梓，後因卸事，不復卒刻，故是時《五翼》
惟《音義》單行。"王筠所引王煦《說文音義》，殆即此本。

　　"蜀，弋也。"弋必疊韻，皆從弋聲。[22]

是王筠終以為弋從弋聲也。堯案：弋，《廣韻》"於悉切"，中古影紐質韻開口三等，上古影紐質部；弋，《廣韻》"與職切"，中古喻四職韻開口三等，上古餘紐職部。影、餘二紐無諧聲關係[23]；質、職二韻元音舌位相近，惟韻尾不同，故雖有旁轉關係而不密切，然亦有諧聲、合韻之例，如閾從或（職部）聲，重文作閾，從洫（質部）聲，肊從乙（質部）聲，重文作臆，从意（職部）聲，《儀禮‧少牢饋食禮》上篹嘏詞以福（職部）韻室（質部），《大戴禮‧誥志篇》以閉（質部）韻翼（職部），《楚辭‧離騷》以節（質部）韻服（職部）。惟上述諧聲例中，閾字《廣韻》"況逼切"，中古曉紐職韻合口三等，上古曉紐職部，或字《廣韻》"胡國切"，中古匣紐德韻合口一等，上古匣紐職部，洫字，《廣韻》"況逼切"，中古曉紐職韻合口三等，上古曉紐質部[24]，肊字《廣韻》"於力切"，

---

[22] 《說文解字詁林》頁 6a。

[23] 參陸志韋《古音說略》（臺北：學生書局，1971 年 8 月）頁 254。餘紐陸書作"以"，影紐三等陸書作"於"。

[24] 參王力《漢語史稿》（北京：科學出版社 1958 年 8 月第 2 版）

中古影紐職韻開口三等，上古影紐職部，乙字《廣韻》"於筆切"，中古影紐質韻開口三等，上古影紐質部，意字《廣韻》"於記切"，中古影紐志韻開口三等，上古影紐職部，其聲母或相同，或相近[25]，非弌、弋二字影、餘二紐無諧聲關係者可比也，故弌、弋二字音理終嫌稍隔。

至若彣飾一說，王筠《說文釋例·彣飾篇》言之較詳，茲錄其言如下：

> 一、二、三之古文弌、弍、弎，弌從弋聲尚合，二、三亦相沿之，蓋嫌筆畫太少，加此飾觀耳，已與後世防作僞者近矣。印林曰："謂一、二、三之從弋爲文飾，是也。至謂弌從弋聲，二、三相沿之，未免太輕視古人，古人果如此淺率邪！瀚謂此等說，未必甚安於心，何不姑從蓋闕之義！"筠聞此說，始覺不安，存之以志吾過。[26]

頁 89。

[25] 三等之曉紐（陸志韋《古音說略》作"許"）與一等之匣紐（陸書作"胡"）諧聲凡 22 見，參陸書頁 254。

[26] 《說文釋例》卷 5 頁 31a-31b。

鄭知同[27]《說文商議》所論[28]，與《說文釋例‧妡飾篇》略同。邱德修《說文解字古文釋形考述》評之曰：

> 古文式，非施諸鐘鼎，以斿美飾；亦非用於璽印，以爲繁縟，僅及於瓶、壺、碑刻，爲實用之物。則妡飾茂美之論，實屬虛記。[29]

邱氏盛推李孝定（1918-1997）"所以从弋或戈者，乃增其點畫，免致變易增損以爲姦利耳"之說[30]，邱氏曰：

> 李氏孝定論古文式所以从弋之由來，至爲剴切。試觀甲金文"一"字，甲骨文作 ━（藏十二‧四）、━（乙 7036）、━（佚 28）；金文作 ━（孟鼎）、━（毛公鼎）、━

---

27 《說文解字詁林‧引用諸書姓氏錄》頁 65a："鄭知同，字伯史，珍子。著《說文商議》、《說文逸字附錄》。"

28 見《說文解字詁林》頁 6b-7a。

29 《說文解字古文釋形考述》（臺北：學生書局，1974 年 8 月初版）頁 75-76。

30 李孝定說見《甲骨文字集釋》（臺北：中央研究院歷史語言研究所 1970 年 10 月再版）頁 6-7。

（散盤）、![字](代大夫人家壺）。上列諸形，其於西周以前固定不迻，東周以後而有借壹作者。琱生設二作貳，邵太叔斧作貳，緻安君瓶作![字]，代大夫人家壺作弌，吳國山碑作弌，則上古"一"字之古文或从弋作，或从戈作，本是游離不定。而字所以作貳若貳若弌若弌者，則或如李氏所謂添增筆畫免致姦利爾。蓋即"形體簡易的數字，雖然便於書寫，可是卻易於混淆。爲了清晰或美觀的緣故，就有筆畫較繁的數字出現"（周氏法高《古代稱數語》，《中研院院刊》第一輯，頁一三二）之理也。[31]

考王筠《說文釋例・妗飾篇》"蓋嫌筆畫太少，加此飾觀耳，已與後世防作僞者近矣"之說，與周法高（1915-1995）說本無二致，何邱氏之抑彼而揚此也！邱書自序於 1974 年，爲一總結性之著作，故於此詳辨之。

案李孝定之說，張日昇以爲不然，張氏曰：

---

[31] 《說文解字古文釋形考述》頁 78。

　　　　　按一旁加弋或戈，未能防止姦利，弍之增益
　　　　　爲式、弒，又可難於一之易爲二、三？商承
　　　　　祚謂一、二、三筆畫簡略，書寫之時，不能
　　　　　與它字相稱，至晚周遂增弋、戈以填密之，
　　　　　其言似較有理。[32]

案弍之增益爲式、弒，固不必難於一之易爲二、三；
惟一可易爲四、五、六、七、九、十諸字，而弍則
否，是防姦利之說，似不可輕以爲非。又商承祚
（1902-1991）說除氏所述者外，尙引"漢開母廟石
闕及袁敞碑，一二皆作一二，末筆垂腳，取姿態與
它字等齊"爲證[33]，李孝定於《金文詁林讀後記》
中，亦以爲商氏之言，可備一說[34]。

　　　　王筠《說文釋例·妅飾篇》之說，似爲商承祚、
李孝定二說之濫觴，至今不可廢；惟王氏引王煦弍

---

[32] 見《金文詁林》（香港：香港中文大學，1974）頁 10-11。

[33] 《說文中之古文考》（上海：上海古籍出版社，1983 年 3 月
　　第一版）頁 3。考商文本連載於《金陵學報》4 卷 2 期（1934
　　年出版）、5 卷 2 期（1935 年）、6 卷 2 期（1936 年）、10
　　卷 1-2 期（1940 年）。

[34] 《金文詁林讀後記》（臺灣：中央研究院歷史語言研究所，1982
　　年 6 月）頁 1。

從弋聲之說，則不可信。此外，徐鍇（920-974）、
席世昌[35]、劉師培（1884-1919）、丁山（1901-1952）
等亦各有說，邱德修《說文解字古文釋形考述》已
辨其非[36]，今不贅。

（2）　毒、薊

　　　王筠《說文釋例》：

　　　　中部蝳之古文薊……說解曰從刀蕳，說詳《句
　　　　讀》。[37]

案：《說文解字》卷 1 下中部：

　　　　毒（毒），厚也，害人之艸，往往而生。从
　　　　中，从毐[38]。薊，古文毒，从刀蕳。[39]

---

[35]　《說文解字詁林·引用諸書姓氏錄》頁 64b：“席世昌，字子
　　侃，清江蘇常熟人，著《說文疏證》，未成。歿後，同里黃
　　廷鑑校錄其讀《說文》札記，爲《讀說文記》。”黃廷鑑之
　　生年爲 1752，卒年不詳。

[36]　詳見邱書頁 69-77。

[37]　《說文釋例》卷 6 頁 2b。

[38]　今《大徐本》作“从毒”。席世昌《讀說文記》曰：“桉注‘从

王筠《說文句讀》"𧀼，古文毒，從刀菖"下曰：

> 似當作"從艸副聲"，而大徐各本、小徐竹
> 君本、汪刻本，皆作"從刀菖"，《繫傳》
> 亦作"菖聲"也。段氏謂鍇本作𧀼，蓋以《繫
> 傳》"竹亦有毒"推之，然亦云"下譌從副"
> 也。顧千里本篆作𧀼，說作"從刀管"，竝
> 《傳》亦作"管聲"，蓋即據段氏說私改之。
> 案昌部："管，厚也"，與毒義同，其音又
> 近；然管從竹聲，非從竹義，設如小徐謂竹
> 有毒，是分竹、昌爲兩字，又安得合之而云
> 管聲乎！即以管爲聲，必以刀爲義，謂刀有
> 毒，誰其信之！古文傳久，不可鑿說，或者
> "從刀菖"三字爲後人所增乎！《玉篇》艸
> 部有𧀼，竹部、刀部皆無𧀼。[40]

毒'之毒，字當作𧀼。"《小徐本》與《段注》同作"𧀼聲"，
《段注》曰："𧀼在一部，毒在三部，合韻至近也。"參《說
文解字詁林》頁 229b-230b。

[39] 同上，頁 229b-230a。

[40] 同上，頁 231a。《說文繫傳校錄》所說與此略同。（見《說
文解字詁林》頁 230b）。

案徐鍇《說文繫傳》曰：“竹亦有毒，南方有竹，傷人則死。”[41]其說之非，王筠已辨之矣。段玉裁《說文解字注》謂毒之古文當作𧅀，其字从刀箮聲，段氏曰：

> 从刀者，刀所以害人也。从箮爲聲，箮，厚也，讀若篤。箮字，鍇本及《汗簡》、《古文四聲韻》上从竹不誤，而下譌从副、从副，鉉本則竹又誤爲艸矣。[42]

桂馥《說文解字義證》、朱駿聲《說文通訓定聲》說與段氏同。[43]堯案：《說文》毒字說解爲“厚也，害人之艸，往往而生”，从刀箮聲之箮，與此說解無涉，似與从屮毒聲之毒異字，故舒連景《說文古文疏證》曰：

> 箮从刀箮聲，當別爲一字。箮、毒聲近，六國古文，蓋借箮爲毒。[44]

---

[41] 《說文解字詁林》頁 230b。

[42] 同上。

[43] 桂、朱之說，見《說文解字詁林》頁 231a。

[44] 《說文古文疏證》（上海：商務，1937 年 1 月初版）頁 7a。

邱德修《說文解字古文釋形考述》信從段、舒之說，
並云：

> 王氏筠之疑也，乃不明重文可因經傳假借而
> 來。假借者，依聲託事，則本字與借字間，
> 未必有誼之關連也。[45]

堯案：舒連景、邱德修之說固可通，《說文》有誤
古文中之假借字爲同部重文者，如以𤟭爲莊之古文
[46]，以馭爲御之古文[47]是也。惟王筠之說亦可通，蓋
王氏謂毒之古文作𧅎，从艸副聲。从艸，則與从屮相
類，且與“害人之艸，往往而生”相應；副與毒聲
母雖相距稍遠，然亦非不可諧聲。茲細考其音理如
下：毒，《廣韻》“徒沃切”，中古定紐沃韻合口
一等，上古定紐覺部；副，《廣韻》“芳逼”、“芳
福”、“敷救”三切，其中“芳逼”一切，與《大
徐本》同，中古屬敷紐職韻開口三等，上古滂紐職
部。覺、職二部元音相近，韻尾相同，故有密切之

舒氏自序寫於 1935 年 5 月。
[45] 《說文解字古文釋形考述》頁 120。
[46] 𤟭與莊本異字，參邱德修《說文解字古文釋形考述》頁 121-124。
[47] 御與馭本異字，參李孝定《甲骨文字集釋》頁 589。

旁轉關係，先秦合韻之例甚多，如《詩·豳風·七月》七章以穆（覺部）韻麥（職部），《小雅·楚茨》五章以備、戒（職部）韻覺（覺部），《大雅·生民》四章以匐、嶷、食（職部）韻菽（覺部），《抑》二章以告（覺部）韻則（職部），《魯頌·閟宮》一章以穆（覺部）韻稷、福、麥、國、稑（職部），《易·震·六二》、《既濟·六二》皆以逐（覺部）韻得（職部）、《楚辭·九章·懷沙》以默（職部）韻鞠（覺部）；至若定、滂二紐，發音部位不同，定紐屬舌音，滂紐屬脣音，舌音與脣音諧聲者甚尟，惟非絕對無有，如娉（透紐）從甹（滂紐）聲[48]，甸（定紐）從勹（幫紐）聲[49]，鈸（定紐）從乏（並紐）聲[50]，均其例也。扅（定紐緝部）從乏（並紐葉部）聲，其諧聲條件與毒、副尤近，蓋緝、葉二部亦旁轉也。由是觀之，王筠"毒之古文作𧅙，从艸副聲"之說固亦可通，且非如段玉裁、舒連景、邱德修說之迂曲。

（3）菹、蒩、蘆

---

[48] 甹、娉同屬耕部。

[49] 勹、甸同屬幽部。

[50] 乏、鈸同屬葉部。

王筠《說文釋例》：

> 菹之或體䐖、䐭，皆從皿，血部又有䐖、䐭，
> 此後人誤迻於此，而又譌血爲皿也。且䐭字
> 從缶，又從皿，則緟複不成義，豈古人所作
> 乎！又菹爲酢菜，是黃虀也，䐖爲醢，則肉
> 醬也，合爲一字，鹵莽甚矣。《玉篇》菹有
> 重文葅，而䐖、䐭亦在血部。[51]

案：段玉裁《說文解字注》、桂馥《說文義證》、
嚴可均《說文校議》均先王氏而有此疑[52]。段氏更
改菹之或體作䐖、䐭，並云：

> 案二篆今本從皿，李燾本注或從血。《玉篇‧
> 血部》有䐖、䐭二字，《玉篇‧血部》䐭字
> 下引《周禮‧醢人》“七䐭”[53]。菹或從血

---

[51]　《說文釋例》卷 6 頁 3a。

[52]　參《說文解字詁林》頁 425a-b 及 2141a。

[53]　《周禮‧醢人》（臺北藝文印書館景印清嘉慶 20 年〔1815〕
　　　南昌府學重刊《十三經注疏》本）卷 6 頁 4a（總頁 90）及《玉
　　　篇‧血部》（《四部備要》本）卷上頁 53b竝作“七菹”。

者，鄭君菜肉通稱之說是也[54]。從缶者，謂
鬱諸器中乃成也。菹、醢通稱，故血部云：
"䪥，醢也。"此艸部䪥、蘊二字，蓋後人
增之。[55]

朱士端[56]《說文校定本》、徐承慶《說文段注匡謬》
[57]均謂段說非是，然於菹之或體從皿之理均無說[58]。

---

[54] 案《說文》："菹，酢菜也。"段玉裁《說文解字注》："酢，
今之醋字，菹須醯成味。《周禮》七菹：韭、菁、茆、葵、
芹、蒮、筍也。鄭曰：'凡醯醬所和，細切爲虀，全物若䐆爲
菹。《少儀》：麋鹿爲菹。則菹之稱，菜肉通。'玉裁謂虀、
菹皆本菜稱，用爲肉稱也。"（見《說文解字詁林》頁 425a。
堯案：《段注》所引《周禮・鄭注》有刪節。）

[55] 《說文解字詁林》頁 425a。

[56] 生卒年不詳。林明波《清代許學考》（臺灣：嘉新水泥公司
文化基金會，1964 年 11 月初版）頁 15 曰："士端嘗於己丑
（1829）年，作《形聲疏證》一書……士端撰爲此編（案：
指《說文校定本》），嘗於咸豐四（1854）年作自序一篇……
咫進齋本士端自序後，別有同治二（1863）年二月二日附
識……。"

[57] 徐承慶生卒年不詳。林明波《清代許學考》述徐氏所著《說
文段注匡謬》之成書及付梓曰："是編成書後於鈕氏（堯案：
指鈕樹玉《說文段注訂》，鈕書成於道光癸未（1823）年），
亦密於鈕氏。稿藏於家，光緒丙子（1876）年，姚覲元索得

馬敍倫《說文解字六書疏證》曰：

> 倫按《釋名》曰："菹，阻也，生釀之，遂
> 使阻於寒溫之間，不得爛也。"此今北方所
> 謂酸菜，故說解曰："酢菜也。"《周禮》
> 醯人掌共七菹，《醯人・注》曰："七菹：
> 韭、菁、茆、葵、芹、箈、筍菹，皆菜屬也。"
> 菹置器中，故或从皿作盦，蓋後起字。醢則
> 俗字，由血部盇之重文作盦而譌增也。[59]

堯案：馬說可通。《大徐本》、《小徐本》艸部後
均謂"重三十一"[60]，則當有盦、醢二重文。

附叢刻以行。"（見林書頁 45）

[58] 朱、徐二氏之說見《說文解字詁林》頁 425a-b。又朱士端有
《正段氏改〈說文〉盇醢二篆爲盦醢之失》及《〈說文〉盇醢
與盦醢不同義》二文，均可參。該二文見《說文解字詁林》
頁 426a。

[59]《說文解字六書疏證》（北京：科學出版社，1957 年 5 月第 1
版）卷 2 頁 117。

[60] 見《說文解字詁林》頁 475b。王念孫《讀說文記》曰："舊
本《繫傳》作'重三十'，張次立改爲'重三十一'，注云：
'補遺薐一字，共重三十一。'"

（4）斳、折

　　　王筠《說文釋例》：

　　　斳之篆文折，《玉篇》在手部。

其下自注云：

　　　云（堯案：謂《玉篇》云）"今作折"，或
　　　《說文》本無乎？而小徐《袪妄篇》，且以
　　　爲籀文。印林曰："小徐雖未必確，然掫之
　　　或文作㪱，知非後人所加矣。"筠案：從折
　　　者，有哲、悊、逝、誓、晢、晳、狾、浙、
　　　婲、銴；從籀文斳者，有㰵；而無一字從斳，
　　　誠有可疑。段氏皆改從斳，似非專輒也。[61]

又云：

　　　……重文折，豈以手持斤而折之邪？意頗迂
　　　遠。似是㪱字誤連爲㪱，左旁近似扌字，不知
　　　者增爲重文，以致今人皆作折，不復用斳矣，

---

[61] 《說文釋例》卷 6 頁 3a。

故《說文》無一從斯之字。[62]
又《說文釋例·補正》曰：

> 印林所舉之𦂇，朱竹君本作𣂈，可謂一字千
> 金，可知其餘亦係後改。[63]

案：《說文解字》卷 1 下艸部：

> 𣂈，斷也。从斤斷艸，譚長說。𣂉，籀文折，
> 从艸在仌中，仌寒，故折。𢪏，篆文折从手。
> [64]

王筠以前，段玉裁《說文解字注》、嚴可均《說文
校議》已謂折篆爲後人所增[65]，茲舉段氏之言如下：

> 按此（堯案：指折篆）唐後人所妄增。斤斷
> 艸，小篆文也；艸在仌中，籀文也；從手從
> 斤，隸字也。《九經字樣》云：“《說文》

---

[62] 《說文解字詁林》頁 446b。
[63] 《說文釋例·補正》卷 6 頁 1a。
[64] 《說文解字詁林》頁 445b。
[65] 段、嚴之說，竝見《說文解字詁林》頁 446a。

作斫，隸省作折。"《類篇》、《集韻》皆
云："隸從手。"則折非篆文明矣。
王筠以後，嚴章福《說文校議議》[66]、張文虎
（1808-1885）亦持是議[67]。堯案：折字甲骨文作𣂪
（前 4.8.6）、𣂫（京津 2737）、𣂫（京都 3131）[68]，
金文作𣂪（盂鼎）、𣂫（不𣪘𣪘）、𣂪（兮甲盤）、
𣂪（虢季子白盤）、𣂫（毛公鼎）、𣂫𣂫（齊侯壺）
[69]，戰國印作𣂫[70]，是小篆前之折字無從手者。即漢
瓦文作𣂫[71]，亦不從手。漢印文作𣂫（漢折衝將軍
印）[72]者，惟二中之中豎相連，似為演變之轉捩點。
漢印文作𣂫（折衝將軍章）、𣂫（古折柬印）者[73]

---

[66] 林明波《清代許學考》頁 6 "嚴章福《說文校議議》"條下曰：
"章福，烏程人，字秋樵，可均之從弟，諸生。……是編為
《說文校議》而作，於可均之書，譌誤者易之，漏落者補之。
其所補正，凡三千五百九十條。章福於道光甲辰（1844）正
月，始為是役，歷時十有八年，凡五易其稿，至咸豐辛酉（1861）
始成定本。"

[67] 嚴說見《說文解字詁林》頁 446a；張說見同書頁 447a。

[68] 《甲骨文編》（香港：中華，1978）頁 22。

[69] 《金文編》（北京：科學出版社，1959）頁 31。

[70] 《古文字類編》（北京：中華，1980 年 11 月第 1 版）頁 70。

[71] 《金石大字典》（香港：中華，1975 年 8 月）卷 15 頁 8。

[72] 同上。

[73] 同上。

則從手。《玉篇》云："今作折。"《類篇》、《集韻》云："隸從手。"段玉裁、嚴可均、王筠、嚴章福、張文虎之疑，未爲無理；惟各本《說文》均有折篆，且㮴之或體作蔡者及逝、誓、哲、𥥦、狾、淅、𡣕、鏊、哲、悊諸篆均從折，則段、嚴、王諸氏之說，仍未可爲定論也。

（5）番、𤳉

王筠《說文釋例》：

> 釆部番之或體蹯，《玉篇》在足部蹯下。其古文𤳉在丑部，作𤳌，云："今作番"。又有𤳌字："布賀切。今作播。"案播從番聲，故借𤳌爲播。乃分𤳌、𤳌爲二字，此必孫強輩之過也。手部播之古文𢿘下，段氏引《九歌·補注》曰："𤳌，古播字。"筠案：此番之古文，《九歌》省借耳。段氏既引於此，不當又引於彼也。[74]

案：《說文解字》卷 2 上木部：

---

[74] 《說文釋例》卷 6 頁 3b。

畨，獸足謂之番。从釆，田象其掌。蹞，番
或从足从煩。𹠤，古文番。[75]

段玉裁《說文解字注》“𹠤，古文番”下曰：

> 按《九歌》：“𹠤芳椒兮成堂。”王《注》：
> “布香椒於堂上也。𹠤，一作播。”丁度、
> 洪興祖皆云：“𹠤，古播字。”按播以番爲
> 聲，此屈賦假番爲播也。[76]

惟又於“播”下曰：

> 《九歌》：“𹠤芳椒兮成堂。”《補注》：
> “𹠤，古播字。”[77]

《段注》後說誠不如前說之明晰也。堯案：番，《大
徐本》“附袁切”，中古奉紐元韻合口三等，上古
並紐元部；播，《大徐本》“補過切”，中古幫紐
過韻合口一等，上古幫紐歌部。並、幫二紐同屬脣

---

[75] 《說文解字詁林》頁 509b。
[76] 同上，頁 510a。
[77] 同上，頁 5483b。

音，又元、歌對轉，故番得假爲播。王筠之說是也。

（6）君、⿺

王筠《說文釋例》：

> 君之古文⿺，《玉篇》不收，蓋當依《博古
> 圖》宋夫人鼎蓋作⿺，⿺即是古尹字，以楷
> 作之則形同，故顧氏不出也。尹之古文作⿳，
> 《玉篇》作⿱，似文本作⿺，小篆省之，中
> 分⿺字即成⿺，小變⿺字即成⿺，猶禽、兒
> 頭本同，石鼓作⊠，中分之而⿳作⿳，旁斷
> 之而⿳作⿳也。手有所治，故兩手相交而作
> ⿺；若⿺即拱字，有垂拱而治之意，不見爲
> 君難之意。一日二日萬幾，故上⿺下口，猶
> 予手拮据、予口卒瘏也。握之古文⿳，《汗
> 簡》作⿳，此⿺斷爲⿺之證。[78]

案：君字甲骨文作⿳（後 2.13.2）、⿳（後 2.27.13）、
⿳（存 1507）、⿳（燕 28）[79]，金文作⿺（天君鼎）、

---

[78] 《說文釋例》卷 6 頁 4b-5a。
[79] 《甲骨文編》頁 40。

□（矢方彝）、□（矢尊）、□（冊鼎）、□（小子省卣）、□（召卣）、□（諶鼎）、□（史頌鼎）、□（史頌簋）、□（豆閉簋）、□（居簋）、□（君夫簋）、□（召伯簋）、□（牧師父簋）、□（弔愕父簋）、□□（番君鬲）、□（穆公鼎）、□（散盤）、□（弔單鼎）、□（白者君盤）、□（番君簋）、□（縣妃簋）、□（交君簋）、□（邾公鈁鐘）、□（夜君鼎）、□（鄘侯簋）、□（□君鼎）、□（樊君簋）、□（邛君壺）、□（緻惪君鉼）、□（智君子鑑）、□（邵鐘）、□（樊君鬲）[80]，古璽文作□（4841）、□（4843）、□（0008）、□（1598）、□（4734）、□（4733）、□（3482）、□（0327）、□（0003）、□（4731）、□（4732）、□（0006）、□（1721）、□（0004）、□（3642）、□（3263）、□（0074）、□（4663）、□（2734）、□（1962）、□（0007）、□（4667）、□（4664）、□（4666）、□（4668）、□（3620）、□（0009）、□（0005）[81]，其字形演變之軌跡如下：

---

[80]　《金文編》頁 47-48。

[81]　《古璽文編》（北京：文物出版社，1981 年 10 月第 1 版）頁 25。

山-----𠂤-----𠃌-----𠃌-----𠁁[82]

足證王筠謂君字古文上半作𠂤者乃由𠂤中分之說不誤。惟王氏謂𠂤小變而成𠃌，未免將君字字形演變之次序顛倒。又王氏謂"手有所治，故兩手相交而作𠃌"，亦非君之初誼。邱德修《說文解字古文釋形考述》曰：

> 君之初形爲从尹口，其本誼蓋以手秉杖，用口發號施令之謂。[83]

其說較爲合理，亦切合君字之初形。

（7）吞、昏

王筠《說文釋例》：

> 吞之古文昏，《玉篇》不收。吞，塞口也。口乃可塞，甘豈可塞哉！[84]

---

[82] 參邱德修《說文解字古文釋形考述》頁 148。

[83] 詳見《說文解字古文釋形考述》頁 145-146。

[84] 《說文釋例》卷 6 頁 5b。

案：《說文解字》卷 2 上口部：

> 𠯑（唫），塞口也。从口、干省聲。𠯑，古文从
> 甘。[85]

徐鍇《說文繫傳》：

> 甘爲口實也。[86]

段玉裁《說文解字注》：

> 戴先生曰：“古文干不省，誤爲从甘。”按
> 《汗簡》、《古文四聲韻》云：“唫、唫皆
> 同厥，出古《尙書》。”唫即唫字不省者也。
> [87]

段氏引《汗簡》、《古文四聲韻》證成戴震（1723-
1777）之說，王筠則以戴說爲不然，王氏《說文句
讀》曰：

---

[85] 《說文解字詁林》頁 642a。
[86] 同上。
[87] 同上。

戴東原曰："古文𢆉不省，誤為從甘。"案
如此說，則篆當作𠦝，說亦當云"古文不
省"。然甘部甚從甘匹，古文𠰔，從口匹，
則文不成義。蓋古文多隨筆之變，彼省此增，
不須執泥。[88]

案：王說是也，古文字中作ㅂ形者或增一筆作ㅂ，
作ㅂ形者或省一筆作ㅂ，其例甚夥，如金文曾字或
作𤰈（曶鼎）、𤰈（曾子中宣鼎），或作𤲃（鄶伯簠）、
𤲃（余义編鐘）[89]，嚴字或作𤲃（敔狄鐘），或作𤲃
（井人鐘）[90]，童字或作𤲃（童簠），或作𤲃（命瓜君
壺）[91]，友字或作𤲃（召卣）、𤲃（農卣），或作𤲃
（毛公旅鼎）、𤲃（曆鼎）[92]，魯字或作𤲃（井侯簠）、
𤲃（魯遠鐘）、𤲃（善夫克鼎）[93]，或作𤲃（子仲匜）、
𤲃（麓伯簠）、𤲃（善夫克鼎），敢字或作𤲃（番生
簠）、𤲃（敔鐘），或作𤲃（盂鼎）、𤲃（諫簠）[94]，

---

[88] 《說文解字詁林》頁 642b。
[89] 《金文編》頁 38。
[90] 同上，頁 62。
[91] 同上，頁 109。
[92] 同上，頁 151。
[93] 同上，頁 193-194。
[94] 《金文編》頁 218-220。

曆字或作![曆](（大作大仲簋）、![曆](（競卣），或作![曆](
（彔簋）、![曆](（曆鼎）[95]，壽字或作![壽](（頌壺）、![壽](
（買簋），或作![壽](（頌壺）、![壽](（都公鼎）[96]，戰國
印文瘩字或作![瘩](，或作![瘩][97]，吉字或作![吉]，或作![吉][98]，
善字或作![善]，或作![善][99]，潛字或作![潛]，或作![潛][100]，陶
文沽字或作![沽](（香錄 11.1），或作![沽](（香錄 11.1）[101]，
《侯馬盟書》皇字或作![皇]，或作![皇][102]。邱德修《說文
解字古文釋形考述》云：

> 古文从口之字，每易與甘相混，蓋作⩊形時，
> 常易與[103]訓回帀之囗相亂，形體雷同之故，
> 後之人，每於所以言、食之口加點以別之。
> 但字非一時一地一人所能籾，或某地已有从
> 口一之甘字，而口中加一點者竟與之混，且

---

[95] 《金文編》，頁 250。

[96] 同上，頁 470-472。

[97] 《古文字類編》頁 57。

[98] 同上，頁 121。

[99] 同上，頁 128。

[100] 同上，頁 477。

[101] 同上，頁 464。

[102] 同上，頁 47。

[103] 原文奪"與"字，今補。

不易辨也。又其後也，口、甘各有其義，然
所混者仍不可分，即有口、甘於偏旁中互通
之實，此文字演變過程中，實爲不可避免者
也。[104]

邱氏謂古文字每於所以言、食之口加點，以別於訓
回帀之口，其說非是。觀上文所舉諸例，於口加一
筆作甘者，固不限於所以言、食之口；且古文字中
作〇形者或增一筆作⊖，作⊖形者或省一筆作〇，
其例亦甚夥，如甲骨文莫字或作𦴩（拾 1.15）、𦱤（寧
滬 2.107）、𦱫（粹 394）、𦱬（戩 13.9），或作𦴩（甲
2034）、𦱭（京都 278A）、𦱮（京津 4608）、𦱯（甲
2595）[105]，万字或作𠂤（前 6.10.6）、𠂤（師友 2.68），
或作𠂤（燕 128）、𠂤（摭續 107）[106]，壴字或作豆
（甲 2770），或作豈（甲 2436）[107]，彭字或作彭（佚
278），或作彭（甲 1512）[108]，鼓字或作鼓（零 91），

---

[104]《說文解字古文釋形考述》頁 157-158。

[105]《甲骨文編》頁 24-25。

[106] 同上，頁 213。

[107] 同上，頁 219。

[108] 同上，頁 219-220。

或作（前 4.1.4）[109]，豐字或作（京津 4228），
或作（粹 236）[110]，即字或作（簠典 99），或作
（存 1625）[111]，既字或作（前 7.18.1），或作
（簠雜 48）[112]，食字或作（簠天），或作（乙
1115）[113]，餐字或作（鐵 258.1），或作（明藏
188）[114]，眾字或作（寧滬 1.348），或作（甲 2291）
[115]，金文公字或作（毛公鼎），或作（虢文公
鼎）[116]，登字或作（鄭鄧弔盨），或作（羊侯簋）
[117]，復字或作（小臣邋簋），或作（鬲比盨）[118]，
鼓字或作（齊侯壺），或作（齊侯壺）[119]，豆
字或作（豆閉簋）、（周生豆），或作（大

---

[109] 《甲骨文編》頁 220-221。

[110] 同上，頁 222-223。

[111] 同上，頁 233-234。

[112] 同上，頁 234。

[113] 同上，頁 237。

[114] 同上，頁 237-238。

[115] 《金文編》頁 353。

[116] 同上，頁 40-41。

[117] 同上，頁 69。

[118] 同上，頁 87。

[119] 同上，頁 264。

師虘豆）、🔯（散盤）[120]，豐字或作🔯（豐器），
或作🔯（小臣豐卣）[121]，昌字或作🔯（弔皮父簋）、
🔯（孟鼎），或作🔯（郑公華鐘）、🔯（虢弔鐘）[122]，
良字或作🔯（司寇良父簋），或作🔯（邕子簋）[123]，
其筆畫之增減，亦所以別於𠙵乎！由是觀之，邱說
實不足信。王筠謂"古文多隨筆之變，彼省此增，
不須執泥"，其言是也。張舜徽（1911-1992）《說
文解字約注》曰：

> 許以塞口訓昏，謂填實其口也。古文从甘，
> 甘从口含一，亦填實意也。今人見小兒喜多
> 言及啼哭者，遺以甘飴，寂然而止，俗稱之
> 曰塞口，蓋古語矣。[124]

雖亦可備一說，惟自文字演變之理觀之，終以王筠
之說爲是。《說文釋例》謂"口乃可塞，甘豈可塞

---

[120] 《金文編》，頁 264。
[121] 同上，頁 265。
[122] 同上，頁 300-301。
[123] 同上，頁 303。
[124] 《說文解字約注》（河南：中州書畫社，1983 年 3 月第 1 版）
　　　頁 46a。

乎"，蓋謂昏之古文昏所從者非甘也，乃口而增一
筆者耳。

（8）迹、蹟、速

王筠《說文釋例》：

> 辵部迹之或體蹟，《玉篇》在足部，引《詩》
> "念彼不蹟"，而用《毛傳》之說曰："不
> 蹟，不循道也"，與迹訓步處，義既不同，
> 其蹟字之下，即出跡字，迹、跡，古今字也，
> 而其注亦不云同蹟；《廣韻》亦以迹、跡、
> 速爲一字，而蹟別收之，說同《玉篇》，豈
> 唐本《說文》，迹下猶無蹟邪？《釋訓》：
> "不遹，不蹟也。"郭《注》："言不循軌
> 跡也。"以跡釋蹟，豈偶合邪？抑以同字爲
> 釋邪？印林曰："迹，亦聲，屬魚部；蹟，
> 責聲，速，束聲，則屬支部。二部音不近，
> 似迹爲一字，蹟、速爲一字也。"（案：段
> 氏《六書音韻表》，迹、責、束皆屬支部。
> ----王氏原注）[125]

---

[125] 《說文釋例》卷 6 頁 7a-b。

案：迹，《廣韻》"資昔切"，中古精紐昔韻開口
四等，上古精紐錫部；亦，《廣韻》"羊益切"，
中古喻四昔韻開口三等，上古餘紐鐸部；賾，《廣
韻》"側革切"，中古莊紐麥韻開口二等，上古莊
紐錫部；束，《廣韻》"七賜切"，中古清紐寘韻
開口三等，上古清紐錫部。亦字屬鐸部，與迹、賾、
束屬錫部者雖不同部，惟鐸、錫二部有旁轉關係。
宋保《諧聲補逸》[126]曰：

> 迹重文作蹟，賾聲；籀文作速，束聲。賾、
> 束古音在支佳部內，亦古音在魚虞模部內，
> 猶𧖟讀若鼏，從昔省聲；繫或作𦃈，處聲；
> 鴉，司馬相如作𪇮，赤聲；狄從赤省聲；索
> 從糸聲。𧖟、鼏、繫、𦃈、鴉、𪇮、狄、索
> 同在支佳部內，昔、處、赤、糸同在魚虞模
> 部內，皆其類也。[127]

案：宋氏謂𧖟从昔省聲，狄从赤省聲，索从糸聲，

---

[126] 林明波《清代許學考》於宋保《諧聲補逸》條下曰："是編
卷首有保自敘，別有保後識一篇，並作於嘉慶癸亥（1803）
嘉平月。"（見林書頁 247）
[127] 《說文解字詁林》頁 733b。

皆有可疑[128]。而齾實爲系之或體，其从處聲亦有可疑[129]。至若鵙，《說文》所載或體有二，鶪、䳩是也[130]。鵙上古疑紐錫部，鬲來紐錫部，赤昌紐鐸部，是爲錫鐸旁轉諧聲之證。又《楚辭・九章・悲回風》以釋（鐸部）韻愁、適、迹、益（錫部），則爲錫鐸旁轉合韻之證。故就音理言之，迹及其重文固得从責聲、束聲，亦得从亦聲也。

又王筠《說文句讀》曰：

> 《玉篇》以蹟別爲一字，引《詩》及《傳》曰：“念彼不蹟”，“不蹟，不循道也”；然循道仍是踐迹之謂，特動靜異耳。[131]

已不用《說文釋例》之說。

---

[128] 龥字參《說文解字詁林》頁 2109a-2110a；狄字參《說文解字詁林》頁 4416b-4417b；索字參《說文解字詁林》頁 2684b-2686b。

[129] 參《說文解字詁林》頁5784b-5785b。

[130] 同上，頁 1627b。

[131] 同上，頁 733a。

（9）逶、蝹

王筠《說文釋例》：

> 逶之或體蝹，《玉篇》在虫部：“於爲切，
> 形似蛇，又音詭。”案《詩》：“委蛇委蛇”，
> 《毛傳》：“行可從迹也”；又“周道倭
> 遲”，《毛傳》：“逶遲，歷遠之兒”，《釋
> 文》引《韓詩》作“倭夷”。又重言之而爲
> 委委佗佗。它、蛇本一字，倭與佗蓋即委與
> 它，但加人旁耳。《隸辨》有逶虵、遠池，
> 委、爲同聲，作逶即可作遠。《廣韻》有蝹
> 蛇，因蛇從虫而加虫作蝹，即可作蝹矣。（《舞
> 賦‧注》引《說文》曰：“蝹蛇，邪行去也。”
> 案所引蓋即逶池說解，以賦云“蝹蛇”，故
> 以蝹蛇易逶池，虫部無蝹字。----王氏原注）
> 蝹自以《玉篇》爲正義，以聲借用，固無不
> 可；然以逶、蝹爲一字，理所難信。小徐《說
> 文》本，原無蝹字，蓋是古本；張次立補之，
> 蓋不辨其爲後增也。《廣韻》蝹字注，詳於
> 《玉篇》，亦無同逶之說。且委蛇，疊韻形
> 容字也；凡形容之詞，例皆借用無專字。或

者《說文》衹有迆字，後人見迆訓"袤行
也"，遂增迤字，而說之曰："逶迤，袤去
之皃。"以赵趙說解例推之（此類甚多----王
氏原注），則既詳說於逶字下，即迆下當云
"逶迤也"，不須別加說解矣。且袤行則通，
袤去則不通；古人言來往，不言來去也。《召
南·釋文》："委蛇、《韓詩》作逶迤，云：
'公正貌。'"許既宗毛，不應又用《韓詩》，
即用之，亦不得舍"公正"而云"袤去"
也。《考工記·注》："迆，讀爲倚移從風
之移，謂邪行。"是鄭亦與許同也。案《爾
雅》："邐迤，沙丘。"《疏》引《說文》：
"邐，行也；迆，斜行也。"然竊揣許君說
迆字之意，蓋主《禹貢》"東迆北會于匯"。
後人增迤字，第爲連語起見，不主于說經。
又案蝸字篆文少一筆，直由妄增者不識篆之
故，非傳刻者脱之，亦一證也。印林曰："此
字誠可疑。委、爲同聲，今音也；古音則委
脂部，爲歌部，不同聲也。委蛇是雙聲，非
疊韻，然則爲此字者，其在委、爲同聲以後
乎！"筠案《小徐本》委從女禾聲，是也。
《唐韻正》曰："古音於戈反"，引《曲禮》

　　“主佩倚則臣佩垂，主佩垂則臣佩委”，五
　　支：“垂，古音陀”，又萎音於危反，引《小
　　雅‧谷風》嵬、萎爲韻，《檀弓》殰、壞、
　　萎爲韻。然則委、爲皆當在歌部，記之再質
　　印林。[132]

堯案：逶，《大徐本》“於爲切”，中古影紐支韻
合口三等，上古影紐微部；迤，《大徐本》“移尔
切”，中古喻四紙韻開口三等，上古餘紐歌部。影、
餘二紐無諧聲關係[133]，許瀚（印林）謂委蛇（即逶
迤）雙聲，非是。微、歌二部旁轉，《楚辭‧九歌‧
東君》以雷、懷、歸（微部）韻蛇（歌部），《遠
遊》以妃、飛、徊（微部）韻歌、蛇（歌部），《九
辯》以毀（微部）韻弛（歌部），皆微、歌二部合
韻之例。逶迤爲連綿詞，形體不拘，以螝爲之亦可。
惟螝字之本義當與虫有關，《管子‧水地》：“涸
川之精者，生于螝。螝者，一頭而兩身，其形如虵，
其長八尺。”是也。

---

[132] 《說文釋例》卷 6 頁 8a-9b。
[133] 參注 23。

（10）諤、譁

　　王筠《說文釋例》：

> 諤之或體譁，《玉篇》以爲譁之重文，是也。
> 荂爲芌之或體；芌、荂固一字也，雖分爲二
> 部，乃以各有從之之字故然耳，其形同，其
> 意同，惟《唐韻》"況于切"、"戶瓜切"
> 不同，然"況于切"爲古音，後乃"戶瓜切"
> 耳。惟是譁在後收字中，又似顧氏漏落者。
> 印林曰："《唐韻》于、瓜異音矣；若以古
> 音推之，瓜讀孤，正與于不遠耳。"筠論《唐
> 韻》，而印林以古音正之，殊不相中，以其
> 說有用，故存之。[134]

案：鈕樹玉（1760-1827）《說文解字校錄》、嚴章
福《說文校議議》、徐灝（1810-1879）《說文解字
注箋》、張舜徽《說文解字約注》，亦以譁爲諤之
重文[135]，沈乾一曰：

---

[134]　《說文釋例》卷 6 頁 12a-b。

[135]　鈕樹玉、嚴章福及徐灝說見《說文解字詁林》頁 1060a-b；張
　　　舜徽說見《說文解字約注》卷 5 頁 53a。

　　　唐寫本《玉篇》譁注引《說文》："亦譁字
　　也"；《廣韻・九麻》譁下："諬，同上。"
　　足證諬爲譁之重文。今本傳寫誤作下文譌之
　　重文，非是。[136]

可見王筠以諬爲譁之重文不誤。彅、蕚一字，相承
增艸旁，王筠之說是也。"況于切"一音，中古曉
紐虞韻合口三等；"呼瓜切"一音，中古曉紐麻韻
合口二等。二音上古同屬曉紐魚部，惟前者屬三等
韻，韻頭較緊，故易趨於高化，至中古遂入虞韻；
後者爲二等韻，韻頭較鬆，故易趨於低化，至中古
遂入麻韻[137]。王筠、許瀚（印林）所言，與實際語
音發展相反，蓋上古魚部之主要元音爲ɑ，是孤古
讀當如瓜，非瓜古讀如孤也。

（11）箕、甘、𠂤、𠙸、異、匚

　　王筠《說文釋例》：

---

[136] 見《說文解字詁林》頁 1060a。
[137] 參王力《漢語史稿》（北京：科學出版社，1958 年 8 月第 2
　　　版）上冊頁 77-78。

箕之古文□，《五音韻譜》作□，《玉篇》作
□。又一古文□，《玉篇》作笤，誤也。□
乃□之小變，連者斷之耳。箕之舌不能不連
屬也，變八爲竹，已誤；變囚爲丙，尤誤----
丙，舌皃也，將謂箕止一舌邪？其籀文□則
在匚部，又多一古文異。案此數字之形，□
當最古，上爲舌，下及左右爲郭，其交叉者，
以郭含舌，舌乃固也，中象其文。□之上體
似有誤，下從収，兩手簸之也。箅從丌，許
意謂有架以薦之；然箕無取乎架，恐係収之
譌也（林曰：“鐘鼎文固多從丌者，恐非
譌。”----王氏原注），猶具字篆從収，隸從
六也。箕從竹者，蓋借其爲語詞之後，加竹
以爲別也。□亦分別文。《玉篇》之異，則
原無理實（箅即其字也，《玉篇》別收其于
丌部，又有古文亣。----王氏原注）。[138]

案：王筠謂箕字諸重文中□最古，是也。甲骨文中
已有作是形者，如□（甲 2366）、□（乙 8685 反）、
□（佚 116）[139]皆是也。他如□（前.12.7）、□（前

---

[138]　《說文釋例》卷 6 頁 18a-b。

[139]　《甲骨文編》頁 205-206。下同。

2.30.6）、ᗷ（前 5.6.1）、ᗺ（後 1.15.2）、ᗺ（福
8）、ᗺ（後 1.33.2）、ᗺ（甲 2007）、ᗺ（乙 3400）、
ᗺ（乙 7285）、ᗺ（乙 7672）、ᗺ（鐵 34.3）、
ᗺ（鐵 46.4）、ᗺ（鐵 117.2）、ᗺ（餘 15.4）、
ᗺ（前 6.20.2）、ᗺ（後 1.15.2）、ᗺ（甲 862），
ᗺ（甲 751）、ᗺ（甲 663）、ᗺ（後 1.23.4）、
ᗺ（佚 230）、ᗺ（甲 662）、ᗺ（前 1.18.1）、ᗺ
（後 1.11.4）、ᗺ（後 1.14.3）、ᗺ（後 1.26.15）、
ᗺ（鐵 218.2）亦與該形相近。金文中與該字形相近
者亦夥，如ᗺ（沈子簋）、ᗺ（趞鼎）、ᗺ（盂
鼎）、ᗺ（遹簋）、ᗺ（舀鼎）、ᗺ（敔簋）、
ᗺ（周愙鼎）、ᗺ（同自簋）、ᗺ（鄆侯鼎）、
ᗺ（㬪簋）、ᗺ（魯伯簠）、ᗺ（卯簋）、ᗺ（㡭
伯簋）、ᗺ（兮仲鐘）、ᗺ（克鼎）、ᗺ（大鼎）、
ᗺ（城虢遣生簋）、ᗺ（伯盂）、ᗺ（舀壺）、
ᗺ（師酉簋）、ᗺ（畢鮮簋）、ᗺ（縣妃簋）、ᗺ
（師㝅父鼎）、ᗺ（頌鼎）、ᗺ（師趛鼎）、ᗺ
（無㠱簋）、ᗺ（追簋）、ᗺ（杜伯盨）、ᗺ（仲
殷父簋）、ᗺ（鬲攸比鼎）、ᗺ（師㝨簋）、ᗺ
（南姬鬲）、ᗺ（弔上匜）、ᗺ（弔咢父簋）、
ᗺ（㝅鐘）、ᗺ（翏生盨）、ᗺ（姞氏簋）、ᗺ（湯
弔盤）、ᗺ（邵鐘）、ᗺ（昶伯匜）、ᗺ（周麥

壺）、✦（魯鼎匕）、✦（商丘弔簋）、✦（格伯
簋）、✦（休盤）、✦（邛君壺）、✦（兮仲鐘）、
✦（彔作乙公簋）、✦（从鼎）、✦（作父己鼎）
是也[140]。而其中✦（鬲攸比鼎）、✦（昶伯匜）
等字形，又與箕之古文作✦者相近，王筠謂✦乃✦
之小變，是也。舒連景謂“✦乃✦（昶伯匜）傳
寫之訛”[141]，則更直接矣。《玉篇》作箈者，其誤
顯然，王筠已言之，毋庸再辨。甲骨文箕字作✦（京
都 263）、✦（掇 2.399）、✦（京都 1845）、✦（掇
2.399 反）、✦（佚 269）諸形者與古文作✦者略近；
而甲骨文箕字作✦（前 6.34.7）、✦（京都 934A）
者，則與籀文作✦者略近。又金文箕字有作✦（商
丘弔簋）、✦（仲師父鼎）、✦（史頌匜）、✦（師
虎簋）、✦（己侯簋）、✦（姬鼎）、✦（白者君
盤）、✦（善夫克鼎）、✦（兮甲盤）、✦（虢季
子白盤）、✦（殳季良父壺）、✦（伯考朔盨）、
✦（弔姬簋）、✦（虢文公鼎）、✦（魯邍父簋）、
✦（齊巫姜簋）、✦（函皇父簋）、✦（申鼎）、
✦（沇兒鐘）、✦（都沪鐘）、✦（黃韋俞父盤）、
✦（襄鼎）、✦（邾公華鐘）、✦（寡兒鼎）、✦（陳

---

[140] 《金文編》頁 242-243。
[141] 《說文古文疏證》頁 34b。

侯因脊錞）、⊗（鸞書缶）、⊗（白者君匜）者[142]，
爲數甚夥，與箕字籀文作⊗者近。王筠曰："箕從
丌，許意謂有架以薦之；然箕無取乎架，恐係𠬶之
謶也。"許瀚曰："鐘鼎文固多從丌者，恐非謶。"
許說是也。羅振玉（1866-1940）曰："其字初但作
⊗，後增丌，於是改象形爲會意。"[143]邱德修曰：
"謂其爲會意，則未若言其爲形聲爲寧貼。"[144]堯
案：箕从丌聲之說，徐灝《說文解字注箋》、饒炯
《說文解字部首訂》均先邱氏而言之[145]；晉諸金文，
丌聲之說，實有可商，蓋金文中⊗（弔向父簋）、
⊗（乍冊嬖卣）、⊗（王孫鐘）、⊗（睘簋）、⊗
（師䕌簋）、⊗（弔姞盨）、⊗（弔高父匜）、⊗
（脈鼎）、⊗（昶仲鬲）、⊗（邕子甗）[146]皆不從
丌，謂其以物薦之尙可，謂其從丌聲則不可也。

（12）養、羪

---

[142]《金文編》頁 243-245。

[143]《增訂殷虛書契考釋》卷中頁 47b。

[144]《說文解字古文釋形考述》頁 544。

[145] 徐說見《說文解字詁林》頁 2000b；饒說見同書頁 2002a。

[146]《金文編》頁 244-245。

王筠《說文釋例》：

> 養之古文羖，《玉篇》在支部。案此字從攴，
> 殊不可解；不如附之養下，胡塗了事。古文
> 傳久，或有譌誤，故許君於古文或體，往往
> 不言所從，闕疑之法。[147]

案：甲骨文有 🐐（甲 1131）、🐐（乙 409）、🐐（乙 2626）、🐐（乙 3935）、🐐（粹 1589）、🐐（前 5.45.7）、🐐（後 2.12.15）[148]，金文有 🐐（羖又𤮃）、🐐（父丁𤮃）、🐐（父乙觶）、🐐（羖又戈）[149]，其構造均與《說文》養之古文羖無異，惟釋者家各一說，不盡從《說文》，殆亦以《說文》養之古文，從攴不可解邪！屈萬里（1907-1979）釋羖，曰：

> 🐐，从羊🐐。按：甲骨文般庚之般，其偏旁
> 或作🐐，知🐐即攴。從可知🐐即羖字。《爾雅·
> 釋畜》："夏羊牡羭牝羖。"《說文》："夏
> 羊牡曰羖。"義適相反。（夏羊，山羊也。

---

[147] 《說文釋例》卷 6 頁 20b-21a。
[148] 《甲骨文編》頁 142。
[149] 《金文編》頁 285。

　　　　王夫之《詩經稗疏》卷二有說。----屈氏原
　　　　注）說者謂《說文》是而《爾雅》誤，蓋可
　　　　信也。[150]

案：甲骨文攴作ㄑ、ㄅ、ㄑ、ㄑ[151]，殳作ㄑ[152]，二者作
偏旁偶或通用。惟《說文》自有羧字，且讀ㄑ爲羧，
於卜辭頗有不通者，如李孝定曰：

　　　　辭云：“貞乎王羧羊”（乙二六二六），如
　　　　讀爲羧羊，似覺不辭。[153]

屈說之非，毋待再辨矣。羅振玉、金祥恆（1919-1989）
釋牧，羅振玉曰：

　　　　《說文解字》：“牧，養牛人也。从攴，从
　　　　牛。”此或从牛，或从羊，牧人以養牲爲職，

---

[150] 《殷虛文字甲編考釋》（臺北：中央研究院歷史語言研究所，
　　　1961）頁 165。
[151] 參《甲骨文編》頁 137-146。
[152] 同上，頁 130-134。
[153] 《甲骨文字集釋》頁 1770。

不限以牛羊也。[154]

金祥恆曰：

> 羅（振玉）說是也。容氏（謂容庚----引者）
> 以金文字形與《說文》古文合，且爲隻字單
> 詞，文義無從稽考，故以《說文》養釋之。
> 而羖，甲骨卜辭除斷爛過甚，僅存一二字外，
> 其餘較爲完整者如《小屯乙編》第二六二六
> 片："貞：乎王羖羊？"《殷契佚存》一三
> 〇："丙申卜，貞：羖，其屮卅？" "貞：羖，
> 亡（卅）？六月。"其"羖羊"與"羖"，
> 果然可釋爲"養羊"與"養"，猶如今語。
> 但古多言"牧"而不言"養"。如《孟子·
> 公孫丑章》"今有受人之牛羊而爲之牧之
> 者"，《告子章》"牛羊又從而牧之"，《詩·
> 小雅·無羊》"爾羊來思……爾牧來思"。
> 由是言之，羖爲牧羊之牧，牧之別書，非養
> 之古文。王筠疑"古文傳久，或有譌誤"者，
> 誤牧之古文爲養之古文也。[155]

---

[154] 《增訂殷虛書契考釋》卷中頁 70b。

[155] 《釋羖》，《中國文字》第 21 冊，臺灣大學文學院中國文學

案：金氏謂古不言養，非是。《周禮・夏官・圉人》：
"圉人掌養馬芻牧之事。" [156] 《管子・形勢解》：
"其養食馬也，未嘗解惰也。" [157] 《晏子春秋・諫
上》："景公使圉人養所愛馬，暴死；公怒，令人
操刀，解養馬者。" [158] 《史記・老子傳》："子獨
不見郊祭之犧牛乎？養食之數歲，衣以文繡，以入
大廟。" [159] 《漢書・五行志》："董仲舒以爲鼷鼠
食郊牛，皆養牲不謹也。" [160] 皆用養字。李孝定《甲
骨文字集釋》曰：

> 古多分別字，於牛爲牧，於羊爲養（羐），
> 亦猶於手爲盥，於足爲洗，於髮爲沐，於面
> 爲沫也。[161]

系，1966 年 9 月。

[156] 《周禮注疏》卷 33 頁 8b（總頁 497）。

[157] 《管子校正》（《諸子集成》本，香港：中華，1978 年 8 月）
頁 330。

[158] 《晏子春秋校注》（《諸子集成》本）頁 34。

[159] 《史記》（北京：中華，1959 年 9 月第 1 版，1972 年 5 月第
5 次印刷）頁 2145。

[160] 《漢書》（北京：中華，1962 年 6 月第 1 版，1975 年 4 月第
3 次印刷）頁 1372。

[161] 《甲骨文字集釋》頁 1770。

案：李氏謂牧本爲養牛之專字，羖本爲養羊之專字，
是也。牧之於牛，羖之於羊，均有語音關係----牛字
上古疑紐之部，牧字明紐職部，二字之、職對轉；
羊、羖二字則同屬餘紐陽部。是羖本爲養羊之專字，
引申爲凡飼養牲畜之偁，又引申爲人之供養[162]，《說
文》遂以之爲養之古文矣。

（13）叒、嵒

王筠《說文釋例》曰：

> 叒部之籀文嵒，《玉篇》同。而若下又有籀
> 文兿，恐是一字，故後人作若木也。[163]

又云：

> 叒字不足象形，石鼓文兿字，蓋叒本作兿（師
> 袁敦器蓋若字皆作兿----王氏原注），象木尃
> 乇形。若字蓋亦作兿，即兿之重文，加口者，
> 如杏字之象根形。是以《說文》之叒木，它

---

[162] 參《說文解字約注》卷 10 頁 10b。

[163] 《說文釋例》卷 6 頁 24a。

書作若木，並非同音假借也。即其籀文𦱳，亦當作𦳊，是以《玉篇》𣏟下有籀文𣘧，若下亦有籀文𣘀，足知𣏟、若之爲一字，而𣘧作𦳊之非誣，而𣏟作屮之非皮傅也。蓋漢人猶多作屮，是以八分桑字作枽，《隸辨》引二文，無作桑者，《集韻》、《類篇》："桑，古作枽"，並足徵也。屮變爲卉者，猶艸變卄，茻變卉，曲者直之也。若又字變爲十者，則𦳊變卄之外無有也。《說文》收若於艸部，從艸右聲，亦似誤；虫部螶下云："若省聲"，或當作屮聲。○《博古圖》𣏟、屮，皆釋爲若。[164]

案：王氏謂𣏟本作屮，是也。《說文解字》卷 6 下𣏟部云："𣏟，日初出東方湯谷，所登榑桑，𣏟木也。象形。……𦱳，籀文。"[165] 又曰："桑，蠶所食葉木，从𣏟木。"[166] 王筠《說文句讀》釋桑从𣏟木曰："古籍之言扶桑者，雖不曰可蠶，然《通典》曰：'績其皮爲布爲衣。'《十洲記》曰：'其樹

---

[164] 《說文解字詁林》頁 2668b-2669a。

[165] 同上，頁 2667a。

[166] 同上，頁 2671b。

雖大，椹如中國桑椹也。’然則桑與榑桑，形質相
似，而衣被天下，故神異之而入叒部，不入木部也。”
[167]甲骨文桑字作✻（前 1.6.6）、✻（前 4.41.4）、✻
（後 1.1.11）、✻（續 3.31.9）[168]，叒似桑，而叒篆
又爲桑篆之上半，則王筠謂叒本作✦者宜矣。

　　惟王氏謂叒、若一字，則非。《說文解字》卷
1 下艸部：“若，擇菜也。从艸右，右，手也。一
曰：杜若，香艸。”[169]若與叒義異，何可爲一字也！

　　甲骨文有作✦（甲 205）、✦（甲 411）、✦（甲
896）、✦（甲 1153）、✦（甲 1164）、✦（甲 1237）、
✦（甲 2443）、✦（甲 2504）、✦（甲 2905）、✦（甲
2992）、✦（拾 7.11）、✦（前 5.205）、✦（前 7.38.1）、
✦（後 2.21.14）、✦（佚 745）、✦（存下 402）、✦
（掇 2.395）、✦（金 620）、✦（鐵 125.3）、✦（後
2.7.8）、✦（後 2.20.10）、✦（乙 3400）、✦（乙
766）者[170]，羅振玉謂“象人舉手而跽足，乃象諾時

---

[167] 《說文解字詁林》頁 2671b。

[168] 《甲骨文編》頁 269。

[169] 《說文解字詁林》頁 429b。

[170] 《甲骨文編》頁 20-21。

異順之狀"[171]；葉玉森（?-1933）謂"象一人跽而
理髮使順形"[172]；白川靜（1910-　）謂象女巫於神
附身時之狀態[173]，三說均有可商。案此字於卜辭中
有順意，殆即經籍中訓順之若字。又此字孳乳爲諾，
故羅氏謂象諾時異順之狀，惟何以甲骨中此字均呈
披頭散髮形，實不可解；葉說頗能解釋此字於卜辭
訓順之理，惟此字是否象理髮使順，觀字形似尙難
確說，且跽而理髮使順，何以能孳乳爲諾，亦不可
解；白川靜謂女巫於神附身時，陷於迷亂之狀態，
頭髮亂如雲，兩手舉而跪坐，其說頗能解釋甲骨文
之字形，然何以卜辭此字有順意，且又孳乳爲諾，
豈女巫所傳達之神意皆順人意，且於人之請求，盡
皆應諾之邪！竊疑此字象俘虜散髮舉手之狀，故凡
事異順，無不應諾也。甲骨文有🖐（續 2.16.1）字[174]，
象人舉手跽足與🖐同，惟頭上有🔱，與童、妾等字

171　參《增訂殷虛書契考釋》（臺北：藝文，1975 年 11 月）卷
　　中頁 56a。

172　參《說契》（見《說契》、《研契枝譚》合訂本，香港：香
　　港書店，1972）頁 5a。

173　參《說文新義》林潔明譯文，見《金文詁林補》（臺灣：中
　　央研究院歷史語言研究所，1982 年 5 月）頁 1677-1678。

174　《甲骨文編》頁 646。

同[175]，殆即郭沫若所謂“古人於異族之俘虜或同族中之有罪而不至於死者，每黥其額而奴使之”者也[176]。又甲骨文有（乙 3307）字[177]，象人散髮形，與略同，其上有拘持之，蓋亦降服之意，與𠬝字作（甲 1020）[178]者意略同。又字音若，與虜、奴二字鐸魚對轉（若字日紐鐸部，虜字來紐魚部，奴字泥紐魚部。日古歸泥，則若、奴二字古音尤近），與臧字鐸陽對轉（臧字精紐陽部），與獲字則同屬鐸部（獲字匣紐鐸部）。臧獲者，被虜獲爲奴隸者之稱也[179]。又若與臧同有善意，《爾雅·釋詁》曰：

---

[175] 參《金文編》頁 119 及《甲骨文編》頁 99。

[176] 參《甲骨文字研究》（香港：中華，1976 年 5 月）《釋干支》頁 14a-17a（總頁 177-183）。

[177] 見《甲骨文編》頁 795。

[178] 參《甲骨文編》頁 120。

[179] 《文選》司馬遷《報任少卿書》：“且夫臧獲婢妾，由能引決。”《注》：“晉灼曰：‘臧獲，敗敵所破虜爲奴隸。’”（《文選》頁 580）又《方言》卷 3：“臧、甬、侮、獲，奴婢賤稱也。”（《方言校箋》頁 18，北京，科學出版社，1956 年 10 月）又《荀子·王霸》：“如是，則雖臧獲不肯與天子易執業。”《注》：“臧獲，奴婢也。”（《荀子集解》，《諸子集成》本，頁 139）又《楚辭》嚴忌《哀時命》：“釋管晏而任臧獲兮。”《注》：“臧，爲人所賤繫也；獲，爲人所係得也。”（《楚辭章句》卷 14 頁 5a，總頁 379，臺北，

"……若……臧……善也。"[180]于省吾（1896-1984）
曰："施威武以征服臣妾，自爲得意之舉，故引伸
有臧善之義。"[181]是則稽之字形，覈之音韻，驗諸
古籍，皆以♥象俘虜散髮舉手之狀爲勝。

金文有作♥（亞若匜）、♥（我鼎）、♥（父
己爵）、♥（盂鼎）、♥（克鼎）、♥（師㝅簋）、
♥（帠伯簋）、♥（趞簋）、♥（毛公鼎者）[182]，蓋
即甲骨文之♥、♥；又有加口形作♥（毛公鼎）、
♥（師袁簋）、♥（師虎簋）、♥（彔伯簋）、♥
（揚簋）、♥（舀鼎）、♥（申鼎）者[183]。有口形者，
蓋即後世之諾字。吳大澂（1835-1902）《說文古籀
補》諾字下曰：

> ♥，語辭。从口，若聲。小篆作諾，从言，
> 後人所加。[184]

藝文，1974 年 4 月）
[180] 《爾雅注疏》（《十三經注疏》本）卷 1 頁 11a（總頁 8）
[181] 《雙劍誃殷栔駢枝三編》（1940 年北京石印本）頁 30b。
[182] 《金文編》頁 328。
[183] 同上。
[184] 《說文古籀補》（清光緒 12 年〔1886〕點石齋刊本）頁 10a。

吳氏謂🔣即小篆之諾，是也。惟又謂“从口，芇聲”，
則又似以其字爲小篆之若。高田忠周直謂訓擇菜之
若字从艸从右，與🔣字全別，其說是也。茲錄其言
如下：

> 《說文》🔣即🔣字小篆，🔣下出籀文作🔣，🔣
> 即🔣之譌文，籀文借諾爲🔣，諾元从🔣聲故也。
> 若夫訓擇菜🔣字，从艸从右，與🔣字全別。
> 漢人不悟古文，誤認🔣爲🔣，悉改經傳🔣字
> 爲若，甚爲疏漏矣，但若、🔣音通不妨耳。
> 又按：經傳凡若字，訓順義，訓如義，訓猶
> 義者，固雖謂假借字，或是諾字之轉義。《說
> 文》：“🔣，應也。从言，若聲。”《禮記·
> 投壺·疏》：“諾，承順之辭也。”[185] 曰諾，
> 意無不順無不如也。《易·離卦》：“出涕
> 沱😊。”《疏》：“是語辭也。”《釋文》：
> “😊，古文若皆如此。” 當證古語辭字訓順
> 義訓如義者，皆作🔣爲正。然則🔣、諾同字，
> 亦猶合詥、同詷、咸諴之例矣。[186]

---

[185] 《十三經注疏》本《禮記·投壺·疏》作“諾，承領之辭也”
（卷 58 頁 13a，總頁 967）。

[186] 《古籀篇》（臺北：宏業書局，1975 年 5 月）卷 52 頁 5a-b

高田忠周之說是也。灸之籀文爲👆之譌變，本爲諾字，籀文假諾爲灸耳。諾字上古泥紐鐸部，灸字日紐鐸部，二字同部，又日古歸泥，韻同聲近，固能通假也。

（14）游、遊

王筠《說文釋例》曰：

> 游及古文遊，《玉篇》斿下云：“亦作游。”游字在水部泅字之下，然此部已經倒亂，不足據也。遊在辵部，爲遊之古文。而遊下云：“與游同。”《說文》無遊字，則遊即是也。竊意當依《玉篇》分訓，游爲旗游，省作斿，俗作旒；遊爲敖游，俗作遊，旗旒則不得從辵也。[187]

案：遊爲敖游字，徐鍇已言之。《說文解字》卷 7上放部：

（總頁 1337）。

[187]《說文釋例》卷 6 頁 25a-b。

游，旌旗之流也。从㫃，汓聲。𨒰，古文游。[188]

《小徐本》游之古文作𨒰，徐鍇曰：

孚，古文子，字蓋從古文汓省。此正敖游字。[189]

案：《說文解字》卷 11 上水部：〝汓，浮行水上也。从水，从子。〞[190]徐鍇蓋以游之古文从辵从古文汓省會意。段玉裁亦以𨒰爲敖游字，惟謂其字从辵汓省聲，段氏《說文解字注》曰：

从辵者，流行之義也；从孚者，汓省聲也。俗作遊者，合二篆爲一字。[191]

案：旌游字甲骨文作𤔩（甲 1796）、𤔩（甲 3586）、𤔩（甲 3593）、𤔩（甲 3918）、𤔩（乙 1760）、𤔩（鐵

---

[188] 《說文解字詁林》頁 2972b。

[189] 同上。

[190] 《說文解字》（香港：中華，1977 年 5 月）頁 233。

[191] 《說文解字詁林》頁 2973a。

132.1)、![字](前 2.26.7)、![字](前 2.29.2)、![字](後 1.13.13)、
![字](粹 1007)、![字](京津 4457)、![字](京津 4458)、
![字](佚 422)[192]，金文作、、
、、、![字](長
日戊鼎)、、、![字](魚鼎
匕)、[193]，石鼓文作![字][194]，殆即
徐灝所謂从子執㫃者也[195]。徐氏曰：

> 游从汓聲，本有可疑；古文遊从㝅而以爲汓
> 省，更不可解。旅當爲本字，石鼓文已有之，
> 从子執㫃，子即人也。游者，泝游之義，故
> 从水，而用旅爲聲。又隸書有遊字，从辵，
> 蓋本有此篆，而《說文》未收，遊疑即遊之
> 省，因从古文㝅，而謂之古文耳。

192　《甲骨文編》頁 289。

193　《金文編》頁 367。

194　《石刻篆文編》（香港：中華，1976 年 11 月）卷 7 頁 5a。

195　徐說見《說文解字詁林》頁 2973a。羅振玉謂从子執旗，容
　　庚謂象人執㫃，均與徐說略同。（羅說見《增訂殷虛書契考
　　釋》卷中頁 46a。容說見《金文編》頁 367。）李孝定謂从㫃从
　　子，邱德修從之。（李說見《甲骨文字集釋》頁 2223，邱說
　　見《說文解字古文釋形考述》頁 678。）

商承祚說與徐灝略同，商氏曰：

> 竊謂㧱、遊、游當分訓。旌旗之游應作㧱，
> 俗作旒；遊爲遨遊之專字；游則水流皃。今
> 以游爲旗流者，借字也。[196]

案：《說文》：“汕，魚游水皃。”[197]是游有浮行
義，然此爲本義邪？爲借義邪？似不易論定。而游
爲从水㫃聲，抑从㫃汓聲，爲㧱之重文，亦不易論
定也[198]。

　　魏三體石經遊之古文作 🔣 [199]，與金文作 🔣（蔡

---

[196] 商說見《說文中之古文考》頁 63。

[197] 《說文解字詁林》頁 5014a。

[198] 金文有 🔣 （格伯簋）字，阮元（1764-1849）曰：“游
字从水从㫃，此省字。”（《積古齋鐘鼎彝器款識》卷 7 頁
16，清嘉慶 9 年〔1804〕刊本）劉心源曰：“游本从㫃汓聲
（汓即泅），此从水省子。”（《奇觚室吉金文述》卷 16
頁 37，清光緒 28 年〔1902〕石印本）是二氏均以㫃爲游之
省，惟阮氏以㫃爲从水从㫃省（竊以爲其意當爲㫃省聲），
劉氏則以爲从㫃汓省聲。格伯簋諸㫃字均用爲地名，無可深
考。

[199] 《說文解字詁林》頁 2974a。

侯盤）[200]、古璽📛（1154）、📛（3298）[201]者構造相同，王國維、舒連景均謂此乃《說文》游之古文所由出[202]，📛从📛殆📛之訛，此說探賾索隱，正可補徐鍇、段玉裁、王筠、徐灝諸氏之不足。

（15）旅、㐂

王筠《說文釋例》：

旅之古文㐂，《玉篇》在止部，非也。鐘鼎文作📛，📛即扒之古文，不得以為止字，古文傳久，失其本形，遂不可解，率類此矣。[203]

案：《說文解字》卷7上扒部：

---

[200]　《金文編》頁367。

[201]　《古璽文編》頁170。

[202]　王說見《王觀堂先生全集》（臺北：文華出版公司，1968）第9冊頁3326；于說見《說文古文疏證》頁47b。另參邱德修《說文解字古文釋形考述》頁677-681。

[203]　《說文釋例》卷6頁25 b。

　　　㫃（旅），軍之五百人爲旅。从扵，从从，
　　　从，俱也。㫃，古文旅。[204]

《小徐本》旅之古文作㫃。又旅字甲骨文作㫃（佚
735）、㫃（掇 1.301）、㫃（鐵 90.1）、㫃（前 6.18.1）、
㫃（前 4.31.7）、㫃（掇 1.277）、㫃（前 1.15.3）、
㫃（甲 929）、㫃（甲 2125）[205]，金文作㫃（父乙卣）、
㫃（且丁甗）、㫃（觚文）、㫃（父辛卣）、㫃（父
辛觚）、㫃（且辛爵）、㫃（作父戊簋）、㫃（遇
甗）、㫃（斐鼎）、㫃（弔噩父簋）、㫃（鬲弔盨）、
㫃（伯正父匜）、㫃（旅虎簋）、㫃（王婦匜）、
㫃（鬲攸比鼎）、㫃（仲𤔲盨）、㫃（伯其父簋）、
㫃（陳公子甗）、㫃㫃（曾伯簠）[206]諸形。羅振玉
曰：

　　　《說文解字》旅古文作㫃，从止。古金文皆
　　　从𠂤从㫃，亦有从止者（曾伯霧簠旅字作㫃----
　　　羅氏原注），與許書略近。其卜辭从𠂤从𠂤，
　　　許書从止者，皆扵之變形。……从㫃，即㫃之

---

[204] 《說文解字詁林》頁 2977b。

[205] 《甲骨文編》頁 290。

[206] 《金文編》頁 368-370。

譌。[207]

羅說是也。《說文》旅字之古文 ⻊ 所从之 ⻊ ，殆 乂 之變形，王筠已言之矣。至若其演變之迹，可於上列金文弔吳父簋、伯正父匜、鬲攸比鼎、曾伯簠諸旅字求之，茲列其演變軌迹如下：

$$
\text{ㄣ} \rightarrow \text{ㄣ} \rightarrow \text{ㄣ} \rightarrow \text{ㄣ} \rightarrow \text{ㄣ}
$$

ㄣ 之末筆稍短，即成 乂 矣。金文偏旁 乂 字作 ㄣ 形者甚夥，如旂字作 ㄇ（郑公鈔鐘）、ㄑ（齊侯壺）、ㄇ（齊侯敦），游字作 ㄐ（蔡侯盤），旗字作 ㄇ（楚王戈）者皆是也。[208]

（16）保、呆

王筠《說文釋例》：

人部保之古文呆，《玉篇》見保字注中，而

207 《增訂殷虛書契考釋》卷中頁 20b-21a。
208 《金文編》頁 366、367、373。邱德修《說文解字古文釋形考述》頁 687 亦有是說，惟所引字形不盡可靠。

出諸子部，其序正在孟之下擘之上，是知《說
文》㿝字，本在子部，後人迻之人部，而子
部未刪，或又不知而改其說曰古文孟，吾懷
此疑久矣，得《玉篇》乃敢自信，甚快也。
㿝乃會意兼指事字，從子，八象抱子之形，
非七八之八。印林曰："《說文》子部果有
㿝字，自當次字，㝅下，不當隔斷季、孟、
擘而強廁其間。疑㿝自是古文孟，後人見其
與古文㿝無別，誤於《玉篇》注加㿝字耳。"
筠案：印林亦自有見，而吾終不改其前說者，
惟㿝為古文保，故得增人旁而為㿝；㝅從㿝
聲，褒又從㝅聲，古包、孚一聲故也。諸字
一貫，則㿝為古文保不可易，即不得為古文
孟矣。若保而從孟，非義非聲，何以解之？
《說文》重別，果古文㿝、孟二字同形，則
"𣃚，古文旅，古文以為魯衛之魯"，當用
此例。[209]

王氏又於《說文釋例‧補正》曰：

鐘鼎文孟字，皆同小篆，惟《積古齋》孟申

---

[209]《說文釋例》卷 6 頁 28b-29a。

鼎作〔字〕，似可爲"孨，古文孟"證，然番君
鬲云："〔字〕〔字〕〔字〕〔字〕"，"子孫永用"之反
文也，是知〔字〕又爲子字繁文，孟申鼎所從者
此也。孟姬鼎作〔字〕，亦然，豈可謂〔字〕亦孟之
古文乎！[210]

堯案：王筠、許印林之說，均有可商。《說文解字》
卷 8 上人部：

〔字〕（保），養也。从人，从呆省，呆，古文
孚。〔字〕，古文保。〔字〕，古文保不省。[211]

保字甲骨文作〔字〕（唐立庵藏骨）、〔字〕（庫 1593）、
〔字〕（珠 524）、〔字〕（甲 936）、〔字〕（後 2.14.8）、〔字〕
（鐵 245.1）、〔字〕（拾 9.5）、〔字〕（鐵 15.2）、〔字〕（掇
2.10）、〔字〕（京津 2064）[212]，金文作〔字〕（鼎文）、〔字〕
（父丁簋）、〔字〕（父乙斝）、〔字〕（大保簋）、〔字〕（保

---

[210] 《說文釋例・補正》卷 6 頁 1b。
[211] 《說文解字詁林》頁 3469a。
[212] 1934 年石印本《甲骨文編》釋保（卷 8 頁 2b），修訂本《甲
骨文編》釋仔（頁 344），今從唐蘭釋保（參《殷虛文字記》
頁 58-60，北京，中華，1981 年 5 月）。

卣）、𠈃（盂鼎）、𠈃（才盤）、𠈃（毛公鼎）、
𠈃（克鼎）、𠈃（保子達簋）、𠈃（獸鐘）、𠈃（弔
向簋）、𠈃（秦公簋）、𠈃（縣改簋）、𠈃𠈃𠈃𠈃𠈃
（格伯簋）、𠈃（鄭子簠）、𠈃（陳逆簋）、𠈃（楚
子簠）、𠈃（襄鼎）、𠈃（郑王嵩）、𠈃（陳侯午
錞）、𠈃（郜嬰簋）、𠈃（王子申盞盂）、𠈃（鄯侯
簋）、𠈃（司寇良父簋）、𠈃（沈兒鐘）、𠈃（陳
侯因資錞）、𠈃（子仲匜）、𠈃（齊陳曼簠）、𠈃（姑
口句鑃）、𠈃（寡兒鼎）、𠈃（者減編鐘）、𠈃（邾
公華鐘）、𠈃（斐鼎）、𠈃（蔡侯盤）、𠈃（中子
化盤）、𠈃（曾大保盤）、𠈃（王孫壽甗）、𠈃（其
𤰈句鑃）[213]，無作𠈃者。惟《說文》卷3下爪部：“𤔔
（孚），卵孚也。从爪，从子。一曰：信也。𤔔，
古文孚从系，系，古文保。”[214]又卷7下宀部：“𡩮，
藏也。从宀，系聲，系，古文保。”[215]是許書言“系，
古文保”者凡三矣，是古文中當有省保爲系者，甲
骨文、金文均未之見，或出於孔子壁中書也。王筠
謂“《說文》系子，本在子部，後人迻之人部”，
其說非是，蓋《說文》人部末云：“文二百四十五，

---

[213]《金文編》頁442-443。

[214]《說文解字詁林》頁1208b。

[215] 同上，頁3235a。

重十四。"[216]許書人部重文凡十有四，諸家並無異說，若倸之古文承本不在人部，則人部重文止十三耳。又《說文》子部："字、乳也"，"穀，乳也"，"孿，一乳兩子也"，"孺，乳子也"，"季，少偁也"，"孟，長也"，"孽，庶子也"[217]，若承果在子部，則當次字、穀下，不當隔斷季、孟、孽而強廁其間也。且《說文》子部末云："文十五，重四。"[218]若承在子部，而又非古文孟，則當云"文十六，重三"矣。

　　許瀚謂"承自是古文孟"，亦非。《說文》子部："孟，長也。从子，皿聲。𥁕，古文孟。"[219]苗夔（1783-1857）《說文繫傳校勘記》曰："𥁕，按此篆已見人部，爲倸篆重文，此不當更爲孟之重文。考古鼎銘孟作𥁕，是孟或從古文倸也，此蓋脫皿耳。"[220]苗說是也，孟字金文有作𥁕（匜君壺）、𥁕（子仲匜）、𥁕（陳子子匜）、𥁕（鑄公簠）、𥁕（禾

216　《說文解字詁林》頁 3626a。

217　《說文解字》頁 310。

218　同上，又《說文解字詁林》頁 6611b。

219　《說文解字詁林》頁 6604b。

220　同上，頁 6605a。

篤）、🔲（郘伯鼎）[221]者，脫皿則作🔲矣。

王筠謂🔲本不在人部而在子部，固非；惟其辨
🔲非古文孟，則甚是也。

（17）屋、臺

王筠《說文釋例》：

> 屋之古文臺，《玉篇》不收，《汗簡》有之，
> 段氏謂即手部握之古文🔲，筠前纂《繫傳校
> 錄》，於尸部以爲臺、臺一字，於手部又以
> 爲兩字；今乃折衷之曰：作兩字是也。🔲字
> 當依《說文》，下半從室，上半乃屋之華飾，
> 如後世鴟吻之類，非艸蔡之丰；《汗簡》入
> 之丰部，非也。🔲即《汗簡》至部之🔲，從🔲
> 者，搚持之意，🔲則🔲省聲也。[222]

案：王說是也。蕭道管（1855-1907）《說文重文管

---

[221] 《金文編》頁 767-768。

[222] 《說文釋例》卷 6 頁 30b。

見》說與王氏略同[223]；管禮耕亦謂屋、握古文二體微別，不可遽謂其重出也[224]。古璽文屋字作🔯[225]，足證段玉裁謂古文屋字蓋即手部古文握字[226]之非。舒連景轉疑古文握字即古文屋字，謂六國古文借屋為握[227]，其說亦非。蓋屋、握二字古文形體終異，古文字中∩旁無變作🔯者，舒氏之說不可信也。

（18）鯽、鰂

　　王筠《說文釋例》：

　　　　魚部鯽之或體鰂，《玉篇》以為鰿之重文，今義也。印林曰："則、即古音義俱同，故鯽、鰂一字。若脊與即，相去遠矣，安得一字！甚矣！《玉篇》之謬也。（則、即，古音之部；脊，古音支部。----原注）"筠案：《小雅》"脊令"，《釋文》："亦作即，

---

[223] 《說文解字詁林》頁 5397a。

[224] 同上，頁 3790b。

[225] 《古璽文編》頁 221。

[226] 段說見《說文解字詁林》頁 3789b。

[227] 舒說見《說文古文疏證》頁 70b。

又作鷑"；《釋鳥》："鶺鴒"，《釋文》
作鷑，云："《詩》作脊，同。"是謂即、
脊同音也，當再詳之。[228]

案：則，《廣韻》"子德切"，中古精紐德韻開口
一等，上古精紐職部；即，《廣韻》"子力切"，
中古精紐職韻開口三等，上古精紐質部；脊，《廣
韻》"資昔切"，中古精紐昔韻開口三等，上古精
紐錫部。則、即、脊三字竝精紐，惟韻部均不相近
----職、質二部元音舌位相近，惟韻尾不同，故雖
有旁轉關係而不密切，然亦有諧聲、合韻之例[229]，
惟不多耳。至若質、錫二部，亦主要元音相近，而
韻尾有異，故旁轉亦不多也[230]。許瀚謂則、即古音
同，非是。王筠存疑以待考，足見其矜慎也。鯽从
則聲而或體作鯽从即聲者，則、即竝精紐故也；《小
雅·常棣之華》"脊令"，本或作即者，亦脊、即

---

[228] 《說文釋例》卷 6 頁 40a-b。

[229] 參本節 "（1）一、弌" 條，該條已述職、質二部之諧聲、合
韻例證。

[230] 質、錫二部諧聲、合韻之例甚夥。戾从乙（質部）聲而在錫
部，此諧聲之例也；《易林·震之既濟》以責（錫部）韻結
（質部），此合韻之例也。

二字聲同精紐故也。

（19）戹、戺

王筠《說文釋例》：

> 戹之古文戺，《玉篇》在戶部，云："牀巳
> 切。砌也。"《爾雅》曰："落時謂之戺。"
> 亦作戺。案此與《九經字樣》所引《說文》
> 同。竊獻兩疑，君子察焉：一則直是戶部字，
> 挩誤在此，從戶巳聲，階戺也；一則從戶與
> 肩字從戶同，本非戶字，古義失傳也。（《七
> 經孟子考文》《尚書》"庶績咸熙"，熙作
> 烅，又證知戹、戺果係一字。）[231]

案：《說文解字》卷 12 上臣部：

> （戹），廣臣也。从臣，巳聲。，古文
> 戹从戶。[232]

---

[231] 《說文釋例》卷 6 頁 42a-b。
[232] 《說文解字詁林》頁 5366b。

段玉裁《說文解字注》謂𢍰之古文當从尸，不當从
戶，蓋凡人體多从尸也[233]。王紹蘭（1760-1835）《說
文段注訂補》非之，曰：

> 此古文𢍰从戶，取戶有兩扉，象人之兩臣。……
> 戶是象形，何必从尸。肉部："肩，髆也。
> 从肉，象形。肩、俗肩从戶。" ……肩既从
> 戶，𢍰從可知。[234]

此即王筠之第二說也。竊疑王筠之第一說爲是。𢍰
字金文作□（齊侯敦）、□（夆弔匜）、□（邾王
子鐘）、□（齊侯匜）[235]，古璽文作□3224[236]。商
承祚、舒連景並謂《說文》古文从戶者，蓋傳寫之
譌[237]。堯案：戶字金文作□、□、□、□[238]諸形，與□、
□、□、□諸形相去頗遠，𢍰當非𢍰之譌體。其字从

---

[233] 《說文解字詁林》頁 5367a。

[234] 同上，頁 5367b。

[235] 《金文編》頁 605。

[236] 《古璽文編》頁 288。

[237] 商說見《說文中之古文考》頁 103-104；舒說見《說文古文疏
　　 證》頁 70a。

[238] 見《金文編》頁 600扈、戽等字偏旁。

戶巳聲，當即《爾雅‧釋宮》之落時[239]。

（20）蟲、㗊

　　王筠《說文釋例》曰：

　　　蟲之古文㗊，《玉篇》不收者，以楷作之，
　　　仍是蟲也。《說文長箋》乃作㗊，何其孟浪！
　　　作篆亦當作〵〵，不得徑如竹篆也。[240]

案：蚰字甲骨文有作〵〵（前 4.52.4）、〵〵（前 4.55.2）、
〵〵（乙 1781）、〵〵（京津 623）、〵〵（珠 1206）、
〵〵（乙 3214）[241]者，金文作〵〵（魚鼎匕）[242]，陶文
則直尾作〵〵[243]，與蟲字所从蚰字形體略同，皆似竹
而非竹也。

[239]　參林義光《文源》說，見《說文解字詁林》頁 5369a。
[240]　《說文釋例》卷 6 頁 47a-b。
[241]　《甲骨文編》頁 510。
[242]　《金文編》頁 683。
[243]　《陶文編》（臺北：藝文印書館，1964）頁 87a蟲等字偏旁。

第四節　結論

　　觀以上各條，知王筠《說文釋例》之於同部重文也，不無創獲，惟有待充而周之者尚夥，試以王氏此篇與商承祚《說文中之古文考》、舒連景《說文古文疏證》、邱德修《說文解字古文釋形考述》諸書相較，即可知也。考據之學，譬如積薪，後出轉精，本不足異；惟王氏此篇之所以稽覈未遍，多所闕漏者，實與其旨趣有關，蓋其所重者不在個別同部重文之疏證，而在以《玉篇》照《說文》，以明今本《說文》之同部重文本在異部也。故王氏總結此篇曰："右凡《說文》同部而《玉篇》異部者，三百三十一字。"[244]惟《說文》、《玉篇》體制既異[245]，豈可單以《玉篇》為據，即作結論哉！考《玉篇》中重文入它部者，多廁後收字中，偶有在前者，則必注曰："不在後收字中"，然其數殊寥寥，足見《說文》本收於同部，及顧野王之著《玉篇》也，以其偏旁不同，乃離析之，以便翻檢耳；至其偏旁

---

[244] 《說文釋例》卷 6 頁 54a。

[245] 考《玉篇》所載，有實為一字，僅以篆隸寫法不同，而分為兩字者，如口、ㅂ，琴、珡，自、ㅂ，皆是也。《玉篇》之異於《說文》，於此可見一斑。

畫一者，《玉篇》遂亦同部，一如《說文》也[246]。

　　觀夫《說文》每部之後，曰文若干，重若干，是其成書時，即有同部重文矣。王筠憑獻字單文孤證，竟謂同部重文本在異部，一失負慚，實不足以當于鬯"至精至確"之譽[247]。許瀚更謂甚不取此篇，而甚取《異部重文篇》。王筠自辯曰："不知吾輯此篇，正爲彼篇而設。"[248]此言豈是哉！若王氏《同部重文篇》，果爲《異部重文篇》而設，則當銳心分析構成同部重文之原理及條件，然後依類以推，舉隅而反，始有助於異部重文之索隱鉤沈也。要之，王筠《說文釋例》以專篇討論《說文》之同部重文，謂其道夫先路則可，謂其至精至確則不可也。

---

[246] 參《說文釋例》卷 6 頁 54b-55a。
[247] 于鬯語見《說文解字詁林》前編上頁 42a。
[248] 《說文釋例》頁 55b。

《說文釋例》有關籀文、或體、俗體諸篇之研究

第一節 《說文釋例》論籀文好重疊

　　《說文》之同部重文，有重疊正篆而成者，多為籀文，如光之籀文作[象][1]，弓之籀文作[象][2]，囪之籀文作[象][3]，皆是也。亦有重複正篆之偏旁者，亦多為籀文，如劦之籀文作[象][4]，桌之籀文作[象][5]，[象]之籀文作[象][6]是也。王筠《說文釋例》"籀文多重疊"條下舉例甚夥，茲具列如下：

---

[1] 《說文解字》（香港：中華，1977 年 5 月）頁 15。

[2] 同上，頁 100。

[3] 同上，頁 143。

[4] 同上，頁 91。

[5] 同上，頁 143。

[6] 同上，頁 180。

坴之籀文[illegible]，陸之籀文[illegible]，乃之籀文𠄎，就之籀文[illegible]，員之籀文鼎，則之籀文[illegible]，副之籀文疈，卤之籀文[illegible]，㮚之籀文[illegible]（《玉篇》同，大徐作古文。[illegible]字，《玉篇》作[illegible]，似是，概從三 卤，於理甚順。----王氏原注），粟之籀文[illegible]，秦之籀文𥣫，強之籀文[illegible]，垣之籀文𩏠，堵之籀文[illegible]，城之籀文𩏡，𨸏之籀文[illegible]，堂之籀文[illegible]（《玉篇》云“古文”----王氏原注），車之籀文[illegible]（印林曰：“石鼓文亦作車。”----王氏原注），輈之籀文[illegible]，子之籀文[illegible]（《玉篇》作[illegible]，似誤。----王氏原注），𡥈之籀文[illegible]。[7]

王氏所舉諸例中，[illegible]之籀文[illegible]，[illegible]之籀文[illegible]，[illegible]之籀文[illegible]，乃重疊正篆而成；[illegible]之籀文[illegible]，[illegible]之籀文[illegible]，則重複正篆之偏旁，上文皆已言之矣。其他可注意者，有下列數點：

（一）《大徐本》“㮚”曰：“[illegible]，木也。从木，其實下垂，故从卤。[illegible]，古文㮚，从西，从二卤。徐

7 《說文釋例》（同治 4 年〔1865〕年王彥侗刻本）卷 5 頁 34b。

巡說：木至西方戰槀。"[8]段玉裁《說文解字注》於
"⬚，古文槀"下注曰："古、鍇作籀，今依大徐。
籀文卤从三卤，則籀文槀亦當从三卤；《玉篇》曰：
'⬚，籀文'，是也。疑許書本一古一籀並載，轉
寫佚亂之。"[9]後人多疑古文槀从西之說，如孔廣居
《說文疑疑》曰："案石鼓文作⬚，从三卤，象形。
古文从西，即卤之譌也，西方戰槀之說可疑。"[10]堯
案：西之古文作⬚，籀文作⬚[11]，與⬚形近易譌。甲
骨文槀字作⬚（前 2.19.3）、⬚（前 2.19.4）、⬚（林
1.28.12）[12]，可證，是其重疊不自籀文始矣。

（二）陸之籀文作⬚，段玉裁《說文解字注》
曰："从古文 自省，从籀文奊，不从土者，从 自而
土見矣。"[13]堯案：金文所从之自多作⬚、⬚[14]，與籀
文陸字所从者相近；又金文陸字作⬚（陸父甲角）、

---

[8] 《說文解字詁林》（臺北：商務，1970 年 1 月臺 3 版）頁 3039a。
[9] 同上，頁 3039b。
[10] 同上，頁 3040b。
[11] 《說文解字》頁 247。
[12] 《甲骨文編》（香港：中華，1978）頁 302。
[13] 《說文解字詁林》頁 6478a。
[14] 《金文編》（北京：科學出版社，1959）頁 729-734。

〔圖〕（陸父乙角）、〔圖〕（郑公釦鐘）[15]，疊二羋而成字。

（三）秦字甲骨文作〔圖〕（甲 571）、〔圖〕（甲 794）、〔圖〕（後 2.37.8）、〔圖〕（後 2.39.2）、〔圖〕（戩 37.7）、〔圖〕（戩 44.8）、〔圖〕（寧滬 1.192）、〔圖〕（京津 3937）[16]，金文作〔圖〕（史秦鬲）、〔圖〕（鄝子簋）、〔圖〕（秦公簋）、〔圖〕（㝨羌鐘）、〔圖〕（洹秦簋）、〔圖〕（奮壴鼎）[17]，是秦字之从二禾者，不獨籀文也。

（四）王筠《說文釋例・補正》曰："車之籀文〔圖〕，《積古齋》吳彝作〔圖〕，證知今本乃傳寫之訛。左兩田，輪也；兩一，軨也；貫乎輪與軨之丨，軸也；中一之連于右者，輈也；右之丨，軛也；軛下似人字者，兩馬也。"[18]案：金文車字有作〔圖〕（宅簋）、〔圖〕（吳方彝）、〔圖〕（不𢀛簋）、〔圖〕（輈厌鼎）、〔圖〕（番生簋）、〔圖〕（毛公鼎）、〔圖〕（兮甲盤）、〔圖〕（師兌簋）[19]者，是籀文車字重疊之形，其來有自

---

[15] 《金文編》頁 729-730。

[16] 《甲骨文編》頁 310。

[17] 《金文編》頁 402。

[18] 《說文釋例・補正》卷 5 頁 2a。

[19] 《金文編》頁 724。

矣。

（五）就之籀文作🔣[20]，左旁略有重疊之意。案甲骨文有🔣（粹 363）、🔣（京津 2730）、🔣（京津 2813）、🔣（前 2.38.5）、🔣（前 2.42.2）、🔣（前 2.42.5）、🔣（續 3.21.2）、🔣（續 3.23.3）、🔣（續 3.23.5）、🔣（珠 8）、🔣（金 599）、🔣（鄴 3 下 44.1）、🔣（京都 44）[21]，金文有🔣（子🔣鼎）、🔣（師兌簋）、🔣（克鼎）、🔣（師毲簋）、🔣（散盤）[22]，與籀文就字左旁略近。

（六）垣之籀文作🔣[23]，堵之籀文作🔣[24]，城之籀文作🔣[25]，陴之籀文作🔣[26]，左旁皆略有重疊之象。案：墉之古文作🔣[27]，王筠《說文句讀》"垣"下曰：

---

[20] 《說文解字詁林》頁 2280a。

[21] 《甲骨文編》頁 247。

[22] 《金文編》頁 299。

[23] 《說文解字》頁 287。

[24] 同上。

[25] 同上，頁 288。

[26] 同上，頁 306。

[27] 同上，頁 288。王筠《說文句讀》曰："嚴氏曰：'《玉篇》亯部、《集韻》三鍾、《韻會》二多，皆作䩴。《玉篇》已

"本部從亯者三字，蓋從墉之古文亯。"[28]考甲骨文陣字作𢎨（前 2.8.3）、𢎦（前 2.8.4）[29]，金文塙字作𩎸（史頌簋）、𩏅（史頌鼎）[30]，坴字作𩏌（王作臣坴簋）、𦫳（坴卣）、𦫴（坴角）[31]，城字或作𩏎（元年師兌簋）、𩏄（城虢遣生簋）、𩏏（居簋）、𩏆（散盤）[32]，坏字或作𩏐（競卣）[33]，是從𠂤、從土諸字之有從亯者，亦不自籀文始也。

（七）子之籀文作𣈲[34]，孨之籀文作𣈵[35]，皆略有重複之意。案甲骨文子字或作𠃬（鐵 256.1）、𠃠（前 1.5.4）、𠃪（前 3.4.1）、𠃫（前 3.7.2）、𠃩（前

　　有亯字，以為城郭之郭，今此必韝之欄文。' 桂氏亦同此說，而未敢刪者，《玉篇》韝下云： '古文墉，亦作亯。' 且本部三籀文，亯部陣之籀文𩎤，從墉則合，從郭則乖；城而從郭，則尤乖矣，姑仍之。"（《說文解字詁林》頁 6133a）

28　《說文解字詁林》頁 6109a。

29　《甲骨文編》頁 536。

30　《金文編》頁 688。

31　同上，頁 690。

32　同上。

33　同上，頁 691。

34　《說文解字》頁 309。

35　同上，頁 310。

3.10.2）、❄（林 1.17.8）、❄（佚 59）、❄（燕 261）、
❄（甲 1861）[36]，金文子字或作❄（傳卣）、❄（召
伯簋）[37]，孳字作❄（默鐘）[38]，當爲籀文子、孳二
字之濫觴。

（八）員之籀文作❄[39]，則之籀文作❄[40]，段玉
裁《說文解字注》曰“鼎下曰：‘籀文以鼎爲貝字。’
故員作鼎，則作劓。”[41]金文員字作❄（員父尊）、
❄（員尊）、❄（員壺）、❄（員盃）、❄（員鼎）

---

[36] 《甲骨文編》頁 556-557。李孝定《甲骨文字集釋》曰：“❄
象幼兒頭上有髮及兩脛之形。”（頁 4312）
[37] 《金文編》頁 762。
[38] 同上，頁 768。
[39] 《說文解字》頁 129。
[40] 同上，頁 91。
[41] 《說文解字詁林》頁 2738b。堯案：《大徐本》“鼎”下曰：
“籀文以鼎爲貞字。”《小徐本》作“古文以貞爲鼎，籀文
以鼎爲貞”。《段注》則作“古文以貝爲鼎，籀文以鼎爲貝”，
並云：“二貝字，小徐皆作貞。郭忠恕《佩觿》云：‘古文
以貞爲鼎，籀文以鼎爲則’，亦誤。今正。京房說貞字‘鼎
聲’，此古文以貝爲鼎之證也。許說劓、鼎、鼏、敤者，籀文
之則、員、賣、妘字，此籀文以鼎爲貝之證也。”桂馥《說
文解字義證》說與段說略同。（參《說文解字詁林》頁
3051b-3053b）

[42]，則字作 、、、
、、、![字形]
（齊侯壺）、、、
[43]，結構均與籀文員、則二字相同。
籀文此二字較正篆筆畫稍繁，惟王筠言籀文好重
疊，則不當以此爲例，若此而云重疊，則重疊之字
多矣。

　　（九）強字从虫弘聲，籀文作疆，从蚰彊聲[44]。
王筠言籀文好重疊，實不當以此爲例，蓋从蚰之字
多矣----蠶、蟊、蟊、蝨、螽、蠹、鱉、蠚、蟊、蠹、
蠹、蠡、蟲、蠡、蝨、蟊、蟊、螱、蟊、蠡、蟊、蠹、
蟊、蠢[45]，何其多也！且螶之或體作蟊[46]，蟊之或體
作蟊[47]，是从蚰之字，不限於籀文也。若論重疊，又
何如蟲部之字哉！

---

[42]　《金文編》頁 339。

[43]　同上，頁 227-228。

[44]　《說文解字詁林》頁 5959a-5960a。

[45]　《說文解字》頁 283-284。

[46]　同上，頁 279。

[47]　同上。

　　從上（一）至（六）點，知古文字之重疊者，
不獨籀文也。王筠偏執，以重疊爲籀文之特色，遂
以凡重疊者皆爲籀文，即《說文》明言爲古文者，
亦疑之爲籀文，斯亦太過矣。茲舉王氏之言如下：

> 某之古文楳，既不可云從林從吅，則仍是從
> 木從口矣。（許說本云“從口”，然從口舌
> 字及口字皆不合，當是象形而已。----王氏
> 原注）何取乎二之？二之而無意，恐是籀文，
> 樹果者大抵成林，不但某也。[48]

> 菜之籀文䕡，楄之籀文𣝗，鳥之籀文䳇，靁之
> 籀文䨻，其古文䨔，或亦籀文也。[49]

> 宜之古文𡬲，𢇻複無意，殆亦籀文。[50]

夫古文字之重疊者多矣，如甲骨文之𡘹（林 2.7.9）[51]、

---

[48]　《說文釋例》卷 5 頁 32b-33a。

[49]　同上，頁 33a。

[50]　同上，頁 33b。

[51]　《甲骨文編》頁 130。

（後 2.12.9）⁵²、(京津 559）⁵³、(寧滬 1.444)
⁵⁴、(拾 14.16）⁵⁵、(後 2.38.4）⁵⁶、(燕 608)
⁵⁷、(前 1.48.1）⁵⁸、(菁 10.18）⁵⁹、(乙 815)
⁶⁰、(鄴 3 下.42.9）⁶¹、(林 2.14.2）⁶²、(前 6.50.7)
⁶³、(甲 2002）⁶⁴、(摭續 148）⁶⁵、(續 3.31.8)
⁶⁶，金文之(夨尊）⁶⁷、(舀鼎）⁶⁸、(昶伯鐴

⁵² 《甲骨文編》頁 249。
⁵³ 同上，頁 312。
⁵⁴ 同上，頁 336。
⁵⁵ 同上，頁 462。
⁵⁶ 同上，頁 548。
⁵⁷ 同上，頁 74。
⁵⁸ 同上，頁 78。
⁵⁹ 同上，頁 80。
⁶⁰ 同上，頁 130。
⁶¹ 同上，頁 339。
⁶² 同上，頁 435。
⁶³ 同上，頁 458。
⁶⁴ 同上，頁 465。
⁶⁵ 同上，頁 483。
⁶⁶ 同上，頁 740。
⁶⁷ 《金文編》頁 560。
⁶⁸ 同上，頁 892。

鼎）[69]、𤔲（艾伯鬲）[70]、𦥔（鬲比盨）[71]、𤯅（毛公
鼎）[72]、𧪊（旅鼎）[73]、𤔲（兂鬲觶）[74]、𤕟（蔡戾雙
盤）[75]、𦥑（𦥑鼎）[76]、𦣻（舀鼎）[77]、𦥯（南彊鉦）[78]、
𢼸（敔簋）[79]、𦥸（段簋）[80]、𣥐（番生簋）[81]、𦥶
（公克錞）[82]、𤔲（父乙罍）、𤔲（函皇父簋）、𦥒
（且甲罍）[83]、𠦪（旂戌盤）[84]、𥄂（駽卣）[85]、𠃉
（師旂鼎）、𨸏（雷瓬）、𦥚（盠駒尊）、𤕟（滔

---

[69] 《金文編》頁 941。

[70] 同上，頁 991。

[71] 同上，頁 1022。

[72] 同上，頁 46。

[73] 同上，頁 122。

[74] 同上，頁 136。

[75] 同上，頁 151。

[76] 同上，頁 161。

[77] 同上，頁 167。

[78] 同上，頁 170。

[79] 同上，頁 172。

[80] 同上，頁 228。

[81] 同上，頁 256。

[82] 同上，頁 284。

[83] 同上，頁 316。

[84] 同上，頁 407。

[85] 同上，頁 538。

㽅）[86]、[字]（婦闖瓿）[87]、[字]（不嬰簋）[88]、[字]（陳猷釜）[89]、[字]（作且年觶）[90]、[字]（舀鼎）[91]，皆是也。《說文》中明言為古文而重疊者，亦復不少，如宐之古文作[字][92]，某之古文作[字][93]，絲之古文作[字][94]，畀之古文作[字][95]，支之古文作[字][96]，則之古文作[字][97]，平之古文作[字][98]，雷之古文作[字][99]，手之古文作[字][100]，捧之古文作[字][101]，堯之古文作[字][102]，寅之古文作[字][103]，皆其

---

[86] 《金文編》頁 587。

[87] 同上，頁 603。

[88] 同上，頁 733。

[89] 同上，頁 770。

[90] 同上，頁 970。

[91] 同上，頁 1014。

[92] 《說文解字》頁 151。

[93] 同上，頁 118。

[94] 同上，頁 197。

[95] 同上，頁 59。

[96] 同上，頁 65。

[97] 同上，頁 91。

[98] 同上，頁 101。

[99] 同上，頁 241。

[100] 同上，頁 250。

[101] 同上，頁 251。

[102] 同上，頁 290。

例。又魏三字石經肆作🐾[104]（案：蓋 叚絑爲肆），
敗作🐾[105]（案：蓋以則爲敗），京作🐾[106]，遷作🐾[107]
（案：蓋 叚䢆爲遷），重作🐾[108]（案：蓋 叚童爲重），
衙作🐾[109]，栗作🐾[110]，捧作🐾[111]，足證古文固有重疊
者也。是王筠謂籀文好重疊則是，以《說文》明言
古文而重疊者爲籀文則非。

又有《說文》明言爲古文而偏旁意重者，王筠
即以之爲籀文，王氏曰：

> 牙之古文🐾，蓋從牙從古文齒，而傳寫少譌，
> 此必籀文也。……若牙齒兼從，定是何物哉，

---

[103]　《說文解字》頁 310。

[104]　《魏三字石經集錄》（臺北：藝文印書館，1975 年 9 月）拓
　　　本部分頁 5a。

[105]　《魏三字石經集錄》頁 30b 及 38a。

[106]　同上，頁 33b。

[107]　同上，頁 36b。

[108]　同上，頁 37a。

[109]　同上，頁。41a

[110]　《魏三字石經集錄・附錄》頁 2a。

[111]　同上，頁 2b。

以絲縛致然耳。[112]

堯案：《說文解字》卷 2 下牙下云：" ，古文牙。"
[113]又齒下云："，古文齒字。"[114]王筠於齒字古
文無異議，獨謂必牙之籀文而非古文，殆亦因其
以爲重疊者必籀文也。古文固亦有重疊者，上文已
證之矣，而古文牙當从古文齒，其理甚明，王說之
非顯然。

　　至若王氏下列二說，則甚是也：（一）"敗之
籀文䢫，說曰'從賏'。案敗從攴貝，以見破敗之
意。賏，頸飾也，小物何足道，祇是加一貝耳。"
[115]（二）"震之籀文虁……火、爻皆二，取其整齊
絲縛耳。"[116]

　　要之，王氏謂籀文好重疊，其說大體不誤。惟
以爲凡重疊者必籀文，則持之太過，不足信也。

[112] 《說文釋例》卷 5 頁 32a。
[113] 《說文解字》頁 45。
[114] 同上，頁 44。
[115] 同注 112。
[116] 同注 112，頁 34a。

第二節 《說文釋例》論或體

　　王筠《說文釋例》，以爲《說文》之有或體也，謂一字殊形而已，非分正俗於其間，自《大徐本》所謂"或作某"者，小徐閒謂之"俗作某"，於是有視或體爲俗字者，王筠以爲非是，其理如下[117]：

　　（一）《說文》之正篆有以或體爲偏旁者，則此等或體，必早於從之之正篆，例如茪、迖、術、詉、疕、忱、沭、颭、鈗，均以秫之或體尤爲偏旁，則尤之產生，必早於茪、迖、術、詉、疕、忱、沭、颭、鈗等九字。王氏其他例證如下：

（i）　　從集（槑之或體）者有喋、雜、繗、鑕；
（ii）　　從隼（雛之或體）者有锥、脾[118]、準；
（iii）　　從廩（㐭之或體）者有癝；
（iv）　　從盍（盇之或體）者有醯；
（v）　　從互（笠之或體）者有罜、枑；
（vi）　　從誇（誇之或體）者有跨、謗；
（vii）　　從衆（粜之或體）者有敊；

---

[117]　王說見《說文釋例》卷 5 頁 34b-36b。
[118]　脾爲屍之或體，見《說文解字》頁 174。

（viii）　從星（曐之或體）者有腥、猩；

（ix）　　從晨（曟之或體）者有䳏；

（x）　　從康（穅之或體）者有康、歉、㾖；

（xi）　　從弁（臱之或體）者有昪、開、抃、㝸、
　　　　　垚、畚；

（xii）　從龡（籥之或體）者有籥、籬、龡、龡；

（xiii）　從淵（淵之或體）者有遹、蕭、鸝、肅、
　　　　　嫡；

（xiv）　從脈（衇之或體）者有霢；

（xv）　　從處（処之或體）者有鑿；

（xvi）　從㐭（疇之或體）者有祒、纛、騽、晨、㲃、
　　　　　咢；

（xvii）壽（篆作𠷎）从老省㲋聲[119]，㲋从口㝸聲[120]，
　　　　　是從壽之禱、譸、籌、鄮、儔、燾，皆展
　　　　　轉而從㝸聲矣。

　　（二）《說文》之古文、籀文，有以或體爲偏
旁者，則此等或體，必早於從之之古文、籀文矣。
如繫之古文槸從㘴之或體坴，則坴當亦古文；又如
姻之籀文嫡從淵之或體㐭，則㐭非古文即籀文。

---

[119]　《說文解字》頁 173。

[120]　參段玉裁《說文解字注》說，見《說文解字詁林》頁 609a。

（三）今本《說文》及其他古籍所引《說文》有以《說文》之或體爲古文者，例如：

（i） 𠮛爲噂之或體，惟大徐本《說文》口部𡃧下則云："𠮛，古文噂。"

（ii） 徙之或體祉，《韻會》引《說文》作"古文"。

（iii） 𠫓之或體㐬、髮之或體𩬊（《玉篇》作𢧵）、睿之或體濬、紵之或體綼、蠭之或體䗬，《玉篇》皆以爲古文。

（iv） 飆之或體颮，《後漢書·班固傳·注》、《文選·兩都賦·注》皆引《說文》云："颮，古飆字。"

（四）以文字發展之理推之，《說文》部分或體當古於正篆，如據今本《說文》，互爲笠之或體，𣶒爲淵之或體，惟據文字孳乳之理言之，笠當爲互之增竹旁累增字，淵當爲𣶒之增水旁累增字。[121]

堯案：《說文》中之或體，結構有與甲骨文、金文同者，則其古也，不待言矣，可爲王說之補證。

[121] 王筠所舉諸例中有求字。堯案：《說文》以求爲裘之古文，王氏不當以之證或體古於正篆也。

其見於甲骨文者有：

(ⅰ)　　　延之甲骨文作🔣（續 1.3.2）、🔣（存下 848）[122]，與或體作🔣[123]者結構相同。

(ⅱ)　　　達之甲骨文作🔣（存 2011）[124]，與或體作🔣[125]者結構相同。

(ⅲ)　　　藥之甲骨文作🔣（前 5.37.1）[126]，與或體作🔣[127]者結構相同。

(ⅳ)　　　方之甲骨文或作🔣（甲 3613）[128]，與或體作🔣[129]者結構相同。

(ⅴ)　　　疇之甲骨文作🔣（甲 2124）、🔣（甲 2647）、🔣（乙 3290）、🔣（河 516）、🔣（河 518）、🔣（續 6.21.5）、🔣（寧滬 3.29）、🔣（明藏 200）、🔣（前 1.8.5）、🔣（前 7.38.2）

---

[122]　《甲骨文編》頁 63。
[123]　《說文解字》頁 39。
[124]　《甲骨文編》頁 67。
[125]　《說文解字》頁 41。
[126]　《甲骨文編》頁 186。
[127]　《說文解字》頁 79。
[128]　《甲骨文編》頁 362。
[129]　《說文解字》頁 176。

[130]，與或體作🐍[131]者結構相同。

（vi）　育之甲骨文或作🦅（前　2.24.8）[132]，與或體作🦅[133]者結構相同。

其見於金文者有：

（i）　延之金文作🦅（大保簋）、🦅（麥鼎）、🦅（師旂鼎）、🦅（曾伯簋）、🦅（陳公子甗）[134]，與或體作🦅[135]者結構相同。

（ii）　詠之金文作🦅（詠尊）[136]，與或體作🦅[137]者結構相同。

（iii）　藥之金文作🦅（作父癸卣）、🦅（父癸爵）、🦅（集倗簋）、🦅（毛公鼎）[138]，

---

[130]　《甲骨文編》頁 522。
[131]　《說文解字》頁 290。
[132]　《甲骨文編》頁 557。
[133]　《說文解字》頁 310。
[134]　《金文編》頁 75。
[135]　同注 123。
[136]　《金文編》頁 112。
[137]　《說文解字》頁 53。
[138]　《金文編》頁 208。

　　　　　　　與或體作![image]139者結構相同。

（iv）　　歺之金文作![image]（![image]鼎）140，與或體作![image]141者
　　　　　　　結構相同。

（v）　　櫨之金文作![image]（且甲罍）142，與或體作![image]143
　　　　　　　者結構大致相同。

（vi）　　參之金文或作![image]（舀鼎）、![image]（毛公鼎）144，
　　　　　　　與或體作![image]145者結構相同。

（vii）　　髮之金文作![image]（召卣二）、![image]（髮鐘）
　　　　　　　146，與或體作![image]147者結構大致相同。

（viii）　　爨之金文作![image]（鄦戾簋）148，與或體作![image]149
　　　　　　　者結構相同。

（ix）　　畺之金文或作![image]（秦公簋）、![image]（吳王光

139　《說文解字》頁 79。

140　《金文編》頁 220。

141　《說文解字》頁 85。

142　《金文編》頁 316。

143　《說文解字》頁 122。

144　《金文編》頁 374。

145　《說文解字》頁 141。

146　《金文編》頁 506。

147　《說文解字》頁 185。

148　《金文編》頁 545。

149　《說文解字》頁 209。

鑑）[150]，與或體作[151]者結構相同。

（x）　　処之金文或作（井人鐘）、（舀鼎）[152]，
與或體作[153]者結構相同。

然則凡或體皆古邪？曰：上述諸證，僅能證明部分
或體之古；許瀚嘗就音韻欲證非或體皆出於先秦，
茲錄《說文釋例》所引許氏之言如下：

> 印林曰："《說文》重文，於古文、籀文、
> 奇字外，又有或體、俗體者，皆以紀小篆之
> 異文也。或體有數種，或廣其義，或廣其聲。
> 廣其義者無可議，廣其聲者則有古今之辨，
> 此種蓋不盡出自秦篆，而亦有漢人附益之
> 者，如營，司馬相如說作芎；陵，司馬相如
> 說作遴；芰，杜林說作茤。此皆或體，芎則
> 明言'或'以發其例，餘可類推也。然以古
> 音部分攷之，營宮聲，屬東部，芎弓聲，則
> 屬蒸部矣；陵陵聲，屬蒸部，遴遴聲，則屬

---

[150]　《金文編》頁 700。

[151]　《說文解字》頁 291。

[152]　《金文編》頁 718。

[153]　《說文解字》頁 299。

真部矣；芰支聲，屬支部，荖多聲，則屬歌
部矣，雖皆一聲之轉，而與周秦之音不合，
斯爲漢人附益之明證。類此者，鍚易聲，或
體作訑，則也聲，易，支部，也，歌部也；
囮化聲，或體作䰞，則繇聲，化，歌部，繇，
幽部也，此蓋亦漢人附益，不知何人所說，
則該之以或而已。即此可明制字之先後，聲
音之變遷；要於六書之旨無乖，故許君錄
之。……"[154]

茲細析許瀚所舉諸例之音理如下：

（i）　　营從宮聲，司馬相如說作芎，從弓聲。营
字上古溪紐多部，宮字見紐多部，弓字見
紐蒸部。見、溪二紐竝舌根音，多、蒸二
部則有旁轉關係。

（ii）　　蔆從陵聲[155]，司馬相如說作藻，從遴聲。

---

[154] 《說文釋例》卷 5 頁 40a-41a。

[155] 蔆，大小徐本竝作蔆。沈濤《說文古本考》曰："《齊民要
術》卷十引云：'蔆，茨也。'《藝文類聚》八十二艸部引
云：'菱，蔆也。'二書傳寫皆有誤字，《要術》'茨'字，
《藝文》'菱'字，皆'芰'字之誤。據此二引，則古本蔆字

　　　　　陵、陵二字上古竝來紐蒸部，遴字來紐真
　　　　部。蒸、真二部元音、韻尾俱異，音理遠
　　　　隔。

（iii）　　芰从支聲，杜林說作荞，从多聲。芰字上
　　　　古群紐支部，支字章紐支部，多字端紐歌
　　　　部。群紐屬舌根音，章紐屬舌上音，端紐
　　　　屬舌頭音；支、歌二部有旁轉關係。

从陵不从淩。《爾雅·釋艸》云：'蔆，攈'，《釋文》作蔆，
云：'字又作菱，今本作蔆'；《釋艸》云：'薢茩，芰光'，
《注》云：'或曰蔆也'，《釋文》云：'字又作菱，音陵'，
蓋元朗之意，以蔆爲正字，菱爲別字，蔆乃當時俗字，然亦作
蔆不作淩。《廣雅·釋艸》云：'蔆、芰，薢茩也'；《離騷》
王逸《注》云：'芰，蔆也'；《爾雅·釋文》引《字林》
云：'楚人名蔆曰芰'，皆作蔆不作淩。惟《周禮·籩人》：
'蔆芡栗脯'，字正作淩，《釋文》：'淩音陵'，余謂此
字當本从陵，故元朗音陵，若字本从淩，則當音淩不音陵矣。
《爾雅》邢《疏》引《說文》此條，字正作蔆，疑其所據非
二徐本也。又案：《篇》、《韻》皆以淩爲正字，遴、陵同
上，此蓋宋以後陳彭年輩所增竄，非顧、陸原文。淩本六朝、
隋、唐閒俗字，唐宋又誤爲淩。陳、吳輩見二徐《說文》本
作淩，遂以淩字爲正，又見經典字多作蔆，遂附蔆字於後，若
《說文》蔆與遴同爲淩字之重文者，不知古本《說文》有蔆無
淩，今本《說文》有淩無蔆，更難强爲牽合也。"據沈說，
則字本當作蔆。惟陵、淩上古竝來紐蒸部。

（iv）　　　鍚從易聲，或體作䤦，從也聲。鍚字上古
　　　　　　船紐支部，易字餘紐錫部，也字餘紐魚部。
　　　　　　船紐屬舌上音，餘紐屬舌頭音。支、錫二
　　　　　　部對轉；支、魚二部音理稍隔，惟猶有旁
　　　　　　轉關係；錫、魚二部則音理遠隔。

（v）　　　囮從化聲，或體作圝，從繇聲。囮字《廣
　　　　　　韻》"五禾"、"以周"二切，"五禾切"
　　　　　　下云："網鳥者媒"，"以周切"下云：
　　　　　　"鳥媒"，二音並無辨義作用；"五禾切"
　　　　　　一音，上古疑紐歌部，"以周切"一音，
　　　　　　上古餘紐幽部，疑、餘二紐，歌、幽二部
　　　　　　相去竝遠，囮字有此二音，當爲古今南北
　　　　　　等時空因素所導致之特殊語音變化。又化
　　　　　　字曉紐歌部，繇字餘紐宵部。疑、曉二紐
　　　　　　竝舌根音，餘紐屬舌頭音；歌、宵二部音
　　　　　　理遠隔，幽、宵二部則有旁轉關係。

　　　堯案：《說文解字》謂菅、薐二字司馬相如說
作芎、薍，芰字杜林說作茤，則芎、薍、茤三字，
當屬後起。惟許瀚以音理證其非出於周秦，則有可
商，蓋冬、蒸合韻（菅、芎、宮、弓），支、歌合
韻（芰、茤、支、多），竝見於先秦韻文----《詩‧

大雅·召旻》六章以中、躬（冬部）韻弘（蒸部），
是冬、蒸合韻也；《楚辭·九歌·少司命》以離（歌
部）韻知（支部），《大招》以佳、規、卑（支部）
韻施、移（歌部），是支、歌合韻也。爰及西漢，
冬、蒸二部合韻亦不多見[156]，故純就音理言之，兮
字不必出自西漢。至若支、歌二部，西漢時支部支
韻字與歌部支韻字合韻，支部佳韻字與歌部歌、麻
韻字合韻[157]；芰（芰）、支爲支部支韻字，多爲歌
部歌韻字，其關係不必密於先秦。又蒸、真二部，
先秦、兩漢均無合韻紀錄，則薐或从遴聲作薐者，
當因同屬來紐之故。故純就音理言之，芰、遴二字

---

[156] 據羅常培、周祖謨合著之《漢魏晉南北朝韻部演變研究》第
一分冊（北京：科學出版社，1958 年 11 月第 1 版），西漢
時冬、蒸二部合韻僅一見（頁 46）。同書頁 32 謂西漢時期
之蒸部曰：「西漢韻文大體和《詩經》相同，只有東韻的‘雄’
字在西漢末年已經開始轉變。楊雄《羽獵賦》叶‘窮雄溶
中’……‘窮’‘中’都是冬部字，溶是東部字。又武帝的
《紫宮謠》叶‘雄宮’，宮也是冬部字。但是同類的‘弓’
字和‘夢’字還在本部，沒有變動。例如枚乘《七發》叶‘乘
弓’……楊雄《甘泉賦》叶‘繩夢’……‘乘’‘繩’都是本
部字，那麼‘弓’‘夢’兩個字也應當歸在本部了。可惜材
料太少，不能做肯定的說明。」

[157] 參《漢魏晉南北朝韻部演變研究》頁 48。

亦不必出於漢代。

　　支、魚合韻，見於《大戴禮記・投壺》及《禮記・射義》所引詩[158]，兩漢韻文則無合韻紀錄[159]，是支部之鶙或以魚部之也爲聲符作䖣者，亦不必如許瀚說爲漢人所附益，其諧聲當因船（鶙）、餘（也）二紐同屬舌音也[160]。

　　歌、宵二部，先秦兩漢均無合韻紀錄，囮之或從䌛聲作圝者，當因囮字餘紐幽部一音，與䌛字餘紐宵部相近之故。幽、宵二部先秦合韻之例甚多，如《詩・齊風・載驅》四章以滔（幽部）韻儦、敖，《陳風・月出》一章以糾（幽部）韻皎、僚、悄（宵部），《豳風・七月》四章以葽（宵部）韻蜩（幽

---

[158] 《禮記・射義》："故詩曰：'曾孫侯氏，四正具舉，大夫君子，凡以庶士，小大莫處，御于君所，以燕以射，則燕則譽。'"（《禮記注疏》卷 62 頁 5a，總頁 1016）《大戴禮記・投壺篇》略同（《叢書集成初編》本，頁 206）。陳新雄《古音學發微》（臺北：文史哲出版社，1975 年 12 月再版）以爲氏（支部）與舉、處、所、譽（魚部）爲韻（頁 1051）。

[159] 參《漢魏晉南北朝韻部演變研究》頁 46 及 56。

[160] 據陸志韋《古音說略》，船（陸書作"食"）、餘（陸書作"以"）二紐諧聲凡 15 見（參陸書頁 254）。

部），《鴟鴞》四章以翛（幽部）韻譙、翹、搖、曉（宵部），《小雅·正月》十二章以酒（幽部）韻殽（宵部），《桑扈》四章以觩、柔、求（幽部）韻敖（宵部），《大雅·思齊》三章以廟（宵部）韻保（幽部），《抑》三章以酒（幽部）韻紹（宵部），是匋字亦不必爲漢人所附益矣。

　　綜觀許瀚所論，其所謂與周秦之音不合者，皆正篆與重文聲符不同部而非對轉者也，其間多有旁轉關係；旁轉而謂與周秦之音不合，無乃太過乎！考古文、籀文之聲符，亦有與正篆之聲符旁轉者，如迌从且聲（清紐魚部），籀文遳从虘聲（從紐歌部）；騧从咼聲（溪紐魚部），籀文䯍从冎聲（見紐歌部）；奢从者聲（章紐魚部），籀文奓从多聲（端紐歌部），皆魚、歌旁轉也。沇从允聲（餘紐文部），古文沿从㕣聲（餘紐元部），是文、元旁轉也。閾从或聲（匣紐職部），古文䦤从洫聲（曉紐質部），是職、質旁轉也。依許氏所論，則凡此籀文、古文，皆漢人所附益者矣！許說之非顯然，王筠《說文釋例》既引之以實己說，故辨之如上。

第三節《說文釋例》論俗體

王筠《說文釋例》所錄許書俗體凡十有六----譀之俗體𧩿，肩之俗體肩，觵之俗體觥，盥之俗體膿，圅之俗體肣，鼒之俗體鎡，𣐽之俗體豉，躳之俗體躬，褎之俗體袖，兂之俗體簪，𣤶之俗體噈，𠨰之俗體抑，𤅩之俗體灘，冰之俗體凝，蟁之俗體蚊，凷之俗體塊是也[161]。王氏曰："《大徐本》云俗者盡錄之，《小徐本》祇錄其二。"[162]惟《大徐本》尸部居下曰："踞，俗居从足。"[163]而踞字並未錄入《說文釋例·俗體篇》，此亦王氏之偶疏也。

王氏於《說文》俗體，多載而不論，如於"𧩿"字曰："𧩿下云：'俗譀從忘。'"他如膿、肣、袖、簪、噈、抑、蚊諸字皆類此。至若觥、豉、躬、凝、塊等字，所論亦甚簡略。如論觥字曰："觥下云：'俗觵從光'。豈《周禮》獨用正字，它經祇用俗字邪？"[164]於豉字則曰："豉下云：'俗𣐽從

161 見《說文釋例》卷 5 頁 36b-39b。

162 同上，頁 39b。

163 《說文解字詁林》頁 3777b。

164 《說文釋例》卷 5 頁 37a。案：邵瑛《說文解字群經正字》

豆。'漢乃名尗爲豆,信乎豉之爲俗。敊下云:'鋪
豉也',《爾雅》:'鵁,餔敊',是也;古有敊
字,鵁乃得借以爲名,無緣從後世之豆也。(《投
壺》已言小豆,知古亦呼尗爲豆,但不多見耳。----
王氏原注)"[165]於凝字則曰:"凝下云:'俗冰從
疑。'《玉篇》分收之。《初學記》引《說文》:
'冰,水堅也。'以冰爲仌,恐是從俗,非《說文》
本然也。"[166]於塊字則曰:"塊下云:'俗凷從土
鬼。'《爾雅》《釋文》、邢《疏》皆引《說文》
以爲俗字,故從之。大徐以爲或體。《玉篇》則用
爲正文,而凷下云:'同上。'"[167]其論躬字,則
有可商,王氏曰:"躳之重文躬下云:'俗或從弓
身。'凡大徐作'或',小徐作'俗'者,吾皆不

曰:"今經典惟《周禮》作觿,見閭胥、小胥等職;《毛詩》
皆從俗作觥。《五經文字》:'觿見《周禮》、《春秋傳》;
觥見《詩》。'按《春秋傳》成十四年引《詩》'兕觿其觩',
是也。《毛詩·釋文》本多作觿,如《卷耳》、《絲衣》之
類,以此見陸氏尙收正字。"(邵說見《說文解字詁林》頁
1895a。)

[165] 《說文釋例》卷 5 頁 38a-b。豉、敊二字,王書誤刻作豉、敊,
     案豉、敊竝从支聲(參《說文解字詁林》頁 3195b)。

[166] 《說文釋例》卷 5 頁 39b。

[167] 同上。

釆也。惟躬字誠俗，故用之，說已別見。"[168]案：
王氏之說，見《說文繫傳校錄》，其言曰："大徐：
'躬或从弓'，小徐以爲俗字，是也。《唐韻正》
引《六書故》曰：'弓古音姑弘切，而躬字从呂。'
《詩》躬與宮、宗協，見於《雲漢》；弓與繩、膺
協，見於《小戎》、《采綠》，較然不紊，弓非躬
之聲。按《論語》：'天之歷數在爾躬'，亦與中、
窮、終爲韻。筠案：从躬聲者爲窮字，《說文》亦
不作窮；从躬省聲者爲宮字，宮、窮皆在今韻東部。
艸部營，司馬相如作芎，長卿之誤也。"[169]堯案：
躬字見紐多部，弓字見紐蒸部，二字同屬見紐，又
多、蒸旁轉，躬固得从弓聲也[170]。《九經字樣》引
《說文》亦以躬爲俗躬[171]，謂躬爲躬之俗體，自有
所據，惟王氏以音理證其俗則不當。

　　肩、鎰、灘三字，王氏說之甚詳，其說肩字曰：

　　　肩之重文肩下云："俗肩從戶。"案繹山碑

---

[168]　《說文釋例》卷 5 頁 38b。

[169]　見《說文解字詁林》頁 3271b。

[170]　參本文第二節。

[171]　《九經字樣》（皕忍堂刊本，1926）頁 11b。

所字作𝕺；所本從戶聲，然則戶、戶一字也。
（印林曰：“此由繇繁趨簡之驗也。”----
王氏原注）肩、肩所從之戶、戶，則皆係象
形，竝非門戶字，乃象其肩之上方闊而下迤
也，此字應上曲，門戶字不應上曲。別有說：
肩少一筆者，與革之篆文作革一類，分繇省
耳其意同也。“俗肩從戶”之說，必非許君
原文，乃後人不明六書，見其似門戶字，而
以意改之，竝不知戶字亦作戶也。從肩者有
𩨆、顧二字，段氏改𩨆從肩，而顧未改，然
則前乎段氏，憑肊奮筆者多矣，無從致詰也。
[172]

堯案：甲骨文啓字或作𢼧（鐵 245.1）、𢾖（後 1.30.5），
或作𢽏（粹 642）、𢽏（京津 3809）[173]；金文所字
或作𣂑（庚壺）、𣂑（口所鼎），或作𣂑（司料盆
蓋）[174]，王氏謂戶、戶一字，是也。孔廣居《說文
疑疑》釋肩、肩所从之戶、戶曰：“厂象肩與臂形，
彐、コ象肩上低窪處，醫書所謂肩丼也，字形雖似

---

[172] 《說文釋例》卷 5 頁 36b-37a。

[173] 參《甲骨文編》頁 137。

[174] 參《金文編》頁 721。

戶而義實非。"[175]徐灝《說文解字注箋》亦云："卪
象肩甲連臂之形，从𠃊，中有點，象其低窪處，醫
家謂之肩井，卪者卪之省，與門戶字相似而非其義
也。"[176]王筠謂肩、肩所從之戶、戶竝非門戶字，
是也。

又王氏說鎡字曰：

> 鎡下云："俗鎛從金茲聲。"《玉篇》鎡在
> 金部，云："鎡錤，鉏也。"不言其為鎛之
> 重文。《孟子》："雖有鎡基"，必不可作
> 鎛基也；《前漢・樊噲傳》則作茲基，似是
> 省借，抑《孟子》固多俗字，鎡亦其一邪？
> 印林曰："鎡之從金，猶錤之從金耳；《孟
> 子》借鎡為茲，非《漢書》借茲為鎡也，《周
> 禮・薙氏・注》亦作茲基，可證。

> 《說文校議》曰："《絲衣・釋文》'鎛'
> 引《說文》作'鎡'，則六朝舊本'茲聲'
> 下有'《詩》曰：鎛鼎及鎡'。"筠案：《說

---

[175] 《說文解字詁林》頁1758a。

[176] 同上，頁1757b。

文》果鼒、鎡竝收，陸氏不應云："《說文》
作鎡字，音茲。"（知此句亦引《說文》者，
開首已云"音茲"，苟非出《說文》，則必
不重出也；然許君不言音，此句蓋出《音隱》。
----王氏原注）言此者，以別於徐音災、郭
音才，皆因鼒從才以發音，許所据《毛詩》
作鎡，即据從茲發音也。《釋器·釋文》於
施音災、郭音才之外，第引《字林》音載，
而不及《說文》，明《說文》不作鼒也；且
《字林》音載，亦由從才發音，然則《字林》
始收鼒字，後人補入《說文》鼎部，反移《說
文》金部之鎡以爲之俗體，又移引《詩》於
鼒下，遂致泯沒無跡矣。非鈠橋啓其端，吾
不能發其覆也。[177]

堯案：田器"鎡基"之本字不可攷，鎡字上古精紐
之部，基字見紐之部，鎡基當爲疊韻謰語。據《絲
衣》及《釋器》《釋文》，陸德明所見《說文》當
作鎡，《字林》則載鼒字，王筠之推斷，未爲無理。
惟鼒字見於西周器康季鼒[178]，字作𩰲，並非晚出之

---

[177] 《說文釋例》卷 5 頁 37b-38a。
[178] 參王獻唐（1897-1960）《岐山出土康季鼒銘讀記》，載於《考

後起字。

又王氏說灘字曰：

灘下云：「俗灘從隹。」案此四字，無一通者，必非許君原文也。鳥部鸛之或體作難，如其意，亦當云「俗灘從難」，而云「從隹」，將謂左半是「漢」字邪？離析破碎，一不通也。在鳥部則曰或，在水部則曰俗，二不通也。從鸛之字，灘之外有蘬、歎二字；從難之字，灘之外有蘺、鑽、矗、儺、戁五字，豈皆俗字邪？抑此五字本從鸛而爲俗人所改邪？乃緣此讀《說文》者，遂謂或體字一切皆俗，鈕氏微露其意，段氏則昌言攻之，其亦不思耳矣。

艸部蘺字在前，如延切，蘺字在大篆從舛中，呼旰切，其說皆曰艸也，將謂一俗一不俗邪？蘺字重出於火部，爲然字重文，說別見。

堯案：「俗灘從隹」四字，確不合於許例，王筠謂之"離析破碎"，是也。其餘所論，於邏輯實有可商----難爲鸝之或體，蓋難字出於先秦，歸父盤有𩖕字[179]，是也；灘字之作，當在難後，不必出於先秦也，若其爲漢代始通行之字，許慎呼之爲俗，不亦宜乎！先秦有蘿、爨、鱻、儺、戁等字，然不必有灘字，猶先秦有灘、蘺、歎三字，而無爨、鱻、儺、戁諸體也。王氏之可議者，爲其邏輯；然先秦確有灘字，於戰國鄂君啓節作𦈹[180]，是也。

王筠於所論載俗體十六字後結語曰：

> 《大徐本》云俗者盡錄之，《小徐本》祇錄其二，然已十六字矣，何其多也。將謂盡出後增，恐非事實，然許君收之，果何意乎？將謂使人用之，則有正字可用矣；將謂辯僞存真，則既有所收之正字，即不收者爲俗字矣。漢人著書，體例皆然，初不作辨駁語，此其所以簡古也。許君於《禮經》之古今文，尚且有所去取，況此無稽之俗字乎！且漢碑存於今者，俗字滿紙，則此十六字又太少矣。

---

[179] 見《金文編》頁 209。
[180] 《古文字類編》（北京：中華，1980）頁 479。

況既名爲俗字，即必無篆文，許君顧代爲杜
撰篆文邪？豈後人掇拾於它書而附於《說
文》，即自目以俗邪？吾終不能明，以俟君
子。[181]

善哉王氏之問也。考《說文》所載俗體，皆合於六
書，其與或體之分別，僅較後出而已。《說文釋例》
所引錄許瀚之言，至爲通達。許氏曰："《說文》
重文，於古文、籀文、奇字外，又有或體、俗體者，
皆以紀小篆之異文也。……要於六書之旨無乖，故
許君錄之。……不惟或體非俗，即俗體亦猶之或體
也。俗、世俗所行，猶《玉篇》言'今作某'耳，
非對雅正言之而斥其陋也。凡言俗者，皆漢篆也。
躬，俗作躬，時通行作躬也；旡，俗作簪，時通行
作簪也；卪，俗作抑，時通行作抑也，推之它字皆
然。……累溯而上之，一時有一時之俗，許君所謂
俗，秦篆之俗也；而秦篆即籀文之俗；籀文又即古
文之俗也。不然，鄉壁虛造不可知之書，許君而猶
錄之，止句之苟，何以不列于篇哉？"[182]許氏之言
是也。馬頭人爲長，人持十爲斗，虫者屈中也，凡

---

[181]　《說文釋例》卷 5 頁 39b-40a。
[182]　同上，頁 40a-41b。

此許慎於《說文解字‧敍》中皆斥之曰猥[183]。至若
肩、觓、膿、胲、鎃、攱、躬、踞、袖、簪、噈、
抑、凝、蚊、塊諸字，皆合於字例之條，且爲當世
所通用，許君錄而存之，又何傷乎！

　　綜觀《說文釋例‧俗體篇》，稍覺細碎，不及
《籀文好重疊》、《或體》二篇之有系統也。

---

[183]　《說文解字》頁 315。

多體形聲字窺管

　　本文所論及的"多體形聲字"，就是一形一聲以外的形聲字。近代許多文字學家，認爲形聲字的構成，僅容許一形一聲。他們的理由，梁東漢在《漢字的結構及其流變》中有很清楚的說明，梁氏說："形聲字是由義符和音符兩部分組成的。所謂'形聲'就是半形半聲或一形一聲的意思。過去有人把形聲字分做一形一聲、二形一聲、三形一聲、四形一聲、一形二聲、二形二聲這幾種，這是不對的。義符既然表示類屬或意義，類屬只能是一種，意義也只能有一個。因此，義符就只能有一個。同樣，音符是表示讀音的，同一個字就不應該有兩個音符。"[1]在梁氏之前，唐蘭曾經說過："關於三體或四體的諧聲，後人分析做二形一聲，三形一聲，和二聲，共有三類，這實在是錯誤的。我認爲形聲字

---

[1] 《漢字結構及其流變》（上海教育出版社，1959 年 2 月第 1 版，1981 年 6 月第 5 次印刷）頁 125。

在造字時，只有一形一聲，（當然有些聲母本身已是形聲字，）絕對沒有同時用兩個形或兩個聲的。這種被人分析做三體四體的字，有些是錯誤的，如：

'彘'字，在古時是象意字，是一支箭（矢）貫在豕腹上，顯得這是野豬了。《說文》裏把它錯成從互，從二匕，矢聲，就成了所謂三形一聲了。形聲文字，不是一個時期造的，它是由於歷史的累積而成的，如：'寶'字，《說文》裏是從宀，玉，貝，缶聲。金文裏有'窑'字，是從宀缶聲。又有'賓'字和卜辭的'室'字，都是象意字，因爲古代中國民族住在西方，是有玉的地方，後來到了東方，是有貝的地方，那時用玉和貝爲寶，所以《盤庚》上說：'具乃貝玉'。那末，金文作'窑'字的是'從宝缶聲'，作'寙'字的是從賓缶聲，作'寶'的是從室缶聲，這是屬於由象意字變來的緟益字的一例。還有純粹是複體的形聲字，例如：'尃'從甫聲，'溥'從尃聲，'薄'從溥聲，'欂'從薄聲，我們決不能說'欂'字從木，艸，水，寸，甫聲，那末，'碧'字爲什麼不說從石珀聲，而要說做從玉石白聲呢？因爲《說文》上漏列的字很多，所以常有這種牽強的解釋，例如：'汈'字從水刃聲，'梁'字從木汈聲，'粱'字從米汈聲，《說文》

裏把‘梁’字釋爲從木，從水，刀聲，就成爲二形
一聲，‘粱’字就是從梁省聲了。如果許叔重看見
了陳公子甗借作稻粱用的‘汈’字，就不用費這些
心了。石鼓文有‘软’字，可見‘鳌’字本該是從
韭软聲，《說文》因爲漏了‘软’字，就只好說‘從
韭，朱次皆聲’了。一個字而諧兩個聲母，這真匪
夷所思了。所以我們說形聲文字只有一形一聲，凡
所謂二形一聲，一形二聲的字，如其不是錯誤，就
都是縕益字或複體形聲字。”[2]誠如唐氏所說，所謂
二形一聲、一形二聲的字，有形體嬗變，分析錯誤
的，也有縕益字和複體形聲字，但是不是所有形聲
字都毫無例外地只有一形一聲呢？唐氏卻沒有全面
地把二形一聲、一形二聲等多體形聲字加以研究。

　　1977 年開始，我便和陳子英同學一起研究這問
題。後來陳子英同學更以“《說文解字》二形一聲
字研究”作碩士論文題目，對《說文解字》所載五
十多個二形一聲的字加以研究，又在附篇中研究《說
文解字》所載的三形一聲、一形二聲、二形二聲、
四形一聲等字。由 1977 年至 1981 年，在這四年間，

---

[2] 《中國文字學》（香港：太平書局，1949 年 3 月版，1978 年
　2 月重印）頁 107-108。

　　我們對這些字逐一討論。在 1981 年暑假期間，陳
子英同學更是每星期總有兩三天來跟我一起討論有
關這些字的問題。現在，我對陳子英同學論文中所
討論到的好些字的看法已有所改變，所以藉此機
會，在陳子英同學的碩士論文的基礎上，對二形一
聲、三形一聲、一形二聲、二形二聲、四形一聲等
一形一聲以外的多體形聲字作進一步的探討，並向
各位方家請教。

一

　　　在《說文解字》所載的五十多個二形一聲字中，
有些似乎不是形聲字，例如"曾"字，《說文解字》
二篇上八部："曾，詞之舒也。從八，從曰，囟聲"。
[3]金文"曾"字作 𥅫（鄀伯簋）、𥅫（弔姬簋）[4]，
"曰"字作 𠥓（古伯尊）、𠥓（應公鼎）[5]，可見
金文"曾"字不從"曰"。朱芳圃云："曾即甑若
甗之初文，象形。……從文字考之，形制如左：𥛅（前

---

[3]　《說文解字》（香港：中華書局，1972 年 7 月版，1977 年 5
　　月重印）頁 28。

[4]　《金文編》（北京：科學出版社，1959 年 5 月）頁 38。

[5]　同上，頁 251。

五、四、一）、𩵋（前七、三七、一）、𩰲（趞亥鼎
會字偏旁）……其器下體承水，上體盛飯，中設一
箅，金文曾字從 田，即象其形。《說文》竹部：'算，
蔽也。所以蔽甑底。從竹，畀聲。'段玉裁曰：'甑
者蒸飯之器，底有七穿，必以竹席蔽之，米乃不漏。'
其說是也。算爲甑之特徵，故造字取以爲象。下從
廿，所以承之。上從八，與 廿 從八作 𠔼 相同，變
更詞性之形符也。"[6]根據朱氏的說法，"曾"字基
本上是一個象形字。

此外，"敊"、"敝"、"走"等三字，似乎
是會意字，現試逐一分析如下：

（一）"敊"------《說文解字》三篇下攴部：
"敊，坼也。從攴，從厂，厂之性坼，果孰有味亦
坼，故謂之敊。從未聲。"[7]段玉裁《說文解字注》
改 "從未聲" 爲 "故從未"，原因是 "未與敊不爲
聲"[8]；事實上 "敊" 屬之部，"未" 歸物部，兩字

---

6 《殷周文字釋叢》（臺北：學生書局，1972 年 8 月景印初版）
　頁 102。
7 《說文解字》頁 69。
8 見《說文解字詁林》（臺北：商務印書館，1970 年 1 月 3 版）

上古音相去甚遠。“𢿨”字甲骨文作 𢽳（甲 1637）、
𢽦（甲 2252）、𢽨（明藏 601）、𢽴（甲 3915）、𢿉
（後 2.22.8）、𢽺（燕 194）[9]，似象人手持杖打麥
形，屬會意字。

　　（二）“散”------《說文解字》八篇上人部：
“𢿨，妙也。從人，從攴，豈省聲。”[10]徐鉉曰：“豈
字從散省，散不應從豈省。蓋傳寫之誤。”[11]“散”
字甲骨文作 𢽦（陳 23）、𢽨（京都 2146）[12]，金文
作 𢽴（古尊）、𢽺 𢽳（牧師父簋）、𢽴 𢽦（散盤）
[13]。高鴻縉說：“散既爲細微，散眇之本字，而初形
作 𢽺。𢽺、應從攴 𢽳 會意。𢽳 爲髮字之最初文，象
人戴髮形。攴、小擊也。從又（手），卜聲。髮既
細小矣，攴之則斷而更散也。”[14]根據高說，“散”
當爲會意字。

頁 1365a。

[9]　《甲骨文編》頁 140-141。
[10]　《說文解字》頁 164。
[11]　《說文解字詁林》頁 3548a。
[12]　《甲骨文編》頁 342。
[13]　《金文編》頁 448。
[14]　《散盤集釋》，《師大學報》第 2 期頁 24。

　　（三）“疌”------《說文解字》二篇上止部：
“疌，疾也。從止，從又，又、手也，屮聲。”[15]其
實，“疌”、“屮”古音相去甚遠，“疌”字從紐
葉部，“屮”字透紐月部，“疌”不可能從“屮”
得聲。王顯說：“疌字的結構應當是：從又，從止，
從屮，會意。又就是手，止就是腳，屮就是樹木。
它們結合在一起，就是表示一邊用手攀，一邊用腳
蹬，迅速往樹上爬。這正是捷足先登的捷字本義。
後來人們又要用它來表示戰勝，因而又造了一個手
旁的捷。所以捷跟疌的關係正像溢跟益的關係一
樣，益字結構中已有水了，溢字又添一個水；疌字
結構中已有手了，捷字又添一個手。”[16]根據王說，
“疌”可能是會意字。

　　還有三形一聲的“麤”字，《說文解字》九篇
下互部：“麤，豕也。後蹏廢，謂之麤。從互，矢聲，
從二匕。麤足與鹿足同。”[17]甲骨文“麤”字作 𠧟

---

[15] 《說文解字》頁 38。

[16] 《讀了說𡭕以後》（《中國語文》1980 年第 2 期頁 139）附
　　注一。

[17] 《說文解字》頁 197。

（林 2.15.13）、🐦（前 4.51.1）、🐦（前 4.51.3）[18]。
正如上引唐蘭所說，“龏”本是象意字。它和
“曾”、“쭉”、“敚”、“辵”等字都不是形聲
字，《說文解字》把它們析作二形一聲或三形一聲，
顯然是錯誤的。

此外，文字學家對《說文解字》“雁”字的說
解，也有不少異議。《說文解字》四篇上隹部：“雁，
鳥也。從隹，瘖省聲；或從人，人亦聲。🐦，籀文
雁，從鳥。”[19]徐鍇曰：“雁隨人所指蹤，故從人。”
[20]徐灝曰：“瘖聲不諧……戴仲達謂雁從厂隹，此
亦當然。蓋雁飛欹裹成列，故從厂隹；雁則獨飛亦
有欹裹之勢，而加疾焉，故從厂，其文相疊而省也。”
[21]王筠曰：“雁下云‘從隹，瘖省聲。或從人，人
亦聲。’此其可疑，凡有數端。從厂之字多矣，何
由定為瘖，一可疑；字本從人，而說加或字，似篆
體本作🐦，不從人，而別有一字從人，為其重文也，
二可疑；亦有一字從兩聲者，然曰人與瘖省皆聲可

---

[18] 《甲骨文編》頁 392。

[19] 《說文解字》頁 76。

[20] 《說文繫傳》，《說文解字詁林》頁 1530b。

[21] 《說文解字注箋》，《說文解字詁林》頁 1530b。

矣，何必分之，成騎牆之見，三可疑；形聲字亦有
省者，從其義也，雁能鳴，不可謂之瘖，安得從瘖
省哉，四可疑。竊謂雁字當是從隹從广從人，會意
字也。广蓋疾病之正字，而借爲疾速之意，鳥莫速
於鷹，故從之也。其從人則如小徐說。"[22]可見徐
灝和王筠都認爲小篆"雁"是會意字。金文"雁"
字作 ⎔（應公簋）、⎔（應公鼎）、⎔（毛公鼎），
馬敘倫引謝彥華說，以爲"從隹斤聲"[23]。其實，
"斤"字上古見紐文部，"雁"字影紐蒸部，二字
音理頗隔，"雁"字不可能從斤得聲。林義光《文
源》說："古作 ⎔（雁叔齋），從人（⌐，人之反
文），從隹，不從广；從人者，人所畜也。"[24]王
國維曰："⎔ 從亦下隹，古人養雁常在臂亦閒，故
從此會意。"[25]由此可見，金文"雁"字跟小篆一樣，
是會意字，而不是形聲字。

---

[22] 《說文釋例》，《說文解字詁林》頁 1531a。

[23] 詳見《說文解字六書疏證》（北京：科學出版社，1957）卷 7
頁 93-94。

[24] 《說文解字詁林》頁 1532a。

[25] 《王觀堂先生全集》（臺北：文華出版公司，1968）頁 1993。

二

　　《說文解字》所載二形一聲字中，"銜"、"盡"、"稽"、"害"四字的形體結構，似乎都很難加以論斷，現加以說明如下：

　　（一）"銜"------《說文解字》二篇上止部："𦥔，機下足所履者。從止，從又，入聲。"[26]馬敘倫說："字從止，從又，↑象機下足所履者。"[27]如果↑象機下足所履者，爲什麼不在字的下端，而在字的上端呢？而且，如果"銜"字的本義是"機下足所履者"，爲什麼卻要從又呢？總之，這個字的說解很可疑。

　　（二）"盡"------《說文解字》五篇上血部："𥁍，傷痛也。從血聿，酉聲。《周書》曰：'民罔不盡傷心。'"[28]段玉裁《說文解字注》："聿者，所以書也。血聿者，取披瀝之意。"[29]林義光《文

26　《說文解字》頁 38。
27　《說文解字六書疏證》卷 3 頁 145。
28　《說文解字》頁 105。
29　《說文解字詁林》頁 2143b。

源》："聿，筆也，筆下有血，傷痛之意。"[30]但馬敘倫卻認爲"盡"從血、聿而訓痛傷，誼不可通[31]。此外，金文"百"字作 ☒（矢方彝）、☒（賢簋）、☒（寥生盨）、☒（伊簋）、☒（訣鐘），[32]而"盡"字作 ☒（父辛卣）[33]，似不從"二百"之"百"。因此，"盡"字的形體構造，有值得存疑的地方。

　　（三）"稽"------《說文解字》六篇下稽部："☒，畱止也。從禾，從尤，旨聲。"[34]徐鍇《說文繫傳》："禾，木之曲止也；尤者，異也，有所異處，必稽考之，考之，即遲畱也。"[35]其說頗迂曲，不能完全令人滿意。孔廣居《說文疑疑》以"稽"字爲合三體會意，孔氏說："禾，木之曲頭止不能上者也。尤，色之美者。旨，食之美者也。美食、美色皆足以畱滯人。此三體會意也。"[36]孔說嫌附

30　《說文解字詁林》頁 2144a。

31　《說文解字六書疏證》卷 9 頁 124。

32　《金文編》頁 195-196。

33　同上，頁 277。

34　《說文解字》頁 128。

35　《說文解字詁林》頁 2703b。

36　同上，頁 2704a。

會，似不足信。朱駿聲《說文通訓定聲》："……
或曰：從禾耆聲。傳寫誤作耆。"[37] "稽"、"耆"
二字皆從"旨"得聲，二字音近，上古同屬脂部；
不過，"耆"字小篆作 𦣻[38]，跟"稽"字右半形體
有點相近而不完全相同，所以朱說仍不可盡信。馬
敘倫《說文解字六書疏證》說："稽部三文，賈逵
皆以爲木名，然則字宜從木矣。倫疑稽、稽、𥥍當
作樨、檔、榕。稽從 𠤏，楷省聲。'留止也'當作
'留也，止也'。玄應《一切經音義》引《字林》：
'稽，留也，止也'，則此二訓皆呂忱文，許書止
以聲訓，其義當爲 𠤏 也；或獨足立也。此篆從尤
者，𠤏 之譌。《方言》：'綽，塞也。齊、楚、晉
曰綽。'綽即稽之異文，可證也。𠤏者，被也，曲脛
也。被者一足不能走，故引申有留義止義。……後
人不明尤爲 𠤏 譌，而以其聲義皆與禾近，故改木
爲禾。亦或從 𠤏 楷省聲。禾字甲文有作 𥝌 者，可
證也。玄應引《三倉》：'稽首，頓首也。'字亦
見《急就篇》，李仁甫本作'皆'。𠤏 音影紐，稽
音見紐，同爲清破裂音，蓋轉注字。"[39]馬氏之說，

---

[37] 《說文解字詁林》頁 2704a。

[38] 《說文解字》頁 173。

[39] 《說文解字六書疏證》卷 12 頁 19。

頗嫌穿鑿。他說"稽從 🗚 楷省聲",似不可從，原因是 🗚 與 🗚 字形有別，而且，《說文》、《廣韻》都沒有從"楷"得聲的字，說省"楷"作"棝"，並不足信。總之，"稽"字的形體結構，也不容易有定論。

（四）"害"------《說文解字》七篇下宀部："𡧧，傷也。從宀，從口；宀口，言從家起也；丰聲。"[40]金文"害"字作 🗚（師害簋）、🗚（弔多父盤）、🗚（伯家父簋）、🗚（毛公鼎）、🗚（曇伯盨），🗚 🗚（害弔簋）[41]。高鴻縉說："害為栝之初字，原作 🗚，從 🗚，象屋宇上榱栝之形，非文字，古聲。"[42]高說非是，"害"字上古匣紐月部，"古"字見紐魚部，"古"字不可能作"害"字的聲符。馬敘倫說："害蓋舍之異文，舍為象形字……害字依金文作🗚，圖畫之當為 🗚，亦象形也。……或曰：從口，丰聲。丯即諸婦卣之🗚字，本書無此字耳。害為咳

---

[40] 《說文解字》頁 151。

[41] 《金文編》頁 422。

[42] 《中國字例》（臺北：三民書局，1960 年 9 月初版，1976 年 1 月 5 版）頁 581。

之轉注字，猶胡害之作胡亥矣。"[43]可見馬氏亦無定說。筆者認爲"害"本象某種兵器之形，但仍有待進一步的考證。

此外，"爾"、"雁"、"鴈"三字，雖然沒有上述四字那麼複雜，但也有不同的說法。例如"爾"字，有人說是象形，有人說是一形一聲------《說文解字》三篇下㸚部："爾，麗爾，猶靡麗也。從冂，從㸚，其孔㸚，尒聲。此與爽同意。"[44]金文"爾"字作 （齊侯壺）、 （晉公盦）。[45]林義光《文源》："古作 （洹子器），作 （王子申盞孟嬭字偏旁），實欄之古文，絡絲架也，象形；下象絲之糾繞。"[46]馬敘倫《說文解字六書疏證》："疑爾爲欄之次初文，從爾，尒聲。爾乃象絡絲器之形。今杭縣絡絲之器，以竹爲四柱，以木作╳形者二，其四角聯於四柱之兩峜，而中復施一長柱，可以出入，即其柄也。器形爲 ，爾下之爾即由此圖畫性之象形文變爲篆文而譌。……後以形與网之

---

[43] 《說文解字六書疏證》卷 14 頁 37-38。

[44] 《說文解字》頁 70。

[45] 《金文編》頁 181。

[46] 《說文解字詁林》頁 1397b。

篆形相似，乃加介爲聲”。[47]“爾”字之結構和本義，不可確知，林義光、馬敘倫之說，均可參考。

　　至於“雁”、“鴈”二字，有些文字學家說是會意字，但《說文解字》二形一聲之說，也未可遽予否定。《說文解字》四篇上隹部：“雁，鳥也，從隹，從人，厂聲。讀若鴈。”[48]段玉裁《說文解字注》：“雁有人道，人以爲摯，故從人。”[49]徐灝《說文解字注箋》：“段氏從人之義未確，雁當從厂隹，說見鳥部鴈下。”[50]徐氏於“鴈”字下說：“戴氏侗引唐本《說文》從厂從鳥，其義爲優，蓋雁行有傾厂之勢，故取其意也”。[51]徐氏之說，固可參考；但《說文》“雁”字從人，會不會取象於群雁高飛時似人形呢？《說文》“雁”字從隹從人厂聲之說，也不一定完全沒有道理。又《說文解字》四篇上鳥部：“鴈，䳒也。從鳥人，厂聲。”[52]段玉

---

[47] 《說文解字六書疏證》卷 6 頁 170。

[48] 《說文解字》頁 76。

[49] 《說文解字詁林》頁 1535a。

[50] 同上。

[51] 《說文解字詁林》頁 1619a。

[52] 《說文解字》頁 81。

裁《說文解字注》："䧹依人，故同雍從人。"[53]王
筠《說文句讀》："昏禮及大夫所執之鴈，蓋皆是
鵝，故從人，行禮之物也。"[54]"鴈"字當如徐灝
所說"從厂從鳥"，還是《說文解字》的"從鳥人
厂聲"，似乎不容易下定論。

　　上述"龕"、"盡"、"稽"、"害"、"爾"、
"雁"、"鴈"七字，我們固然不能證明它們屬二
形一聲，但其中"龕"、"盡"、"稽"、"雁"、
"鴈"等五字，我們也不能排除它們屬二形一聲的
可能性。

　　附帶要在這裏一提的，是二形二聲的"竊"字。
這個字的形體結構，也不容易加以論定。《說文解
字》七篇上米部："竊，盜自中出曰竊。從穴，從
米，卨、廿皆聲。廿，古文疾；卨，古文偰。"[55]段
玉裁《說文解字注》："米自穴出，此盜自中出之
象也，會意。卨廿皆聲也，一字有以二字形聲者。"

---

[53] 同注 51。

[54] 《說文解字詁林》頁 1619b。

[55] 《說文解字》頁 148。

[56]徐灝《說文解字注箋》：“此一字而兼用萵、廿二聲，六書所少有。戴氏侗云：從穴藕聲，萬之首譌為廿。似是也。”[57]“萬”字小篆作🦂，與🦂字形有別；🦂變為廿，是隸變以後事，“萬”之首不大可能譌為小篆之廿。徐灝之說，未可盡信。朱駿聲《說文通訓定聲》：“此字當訓蟲私取米食也。從萵從穴從米會意，以米為穴也；䇂省聲，䇂，籀文疾。”[58]林義光《文源》：“廿為古文疾，無考。廿即凵之變，象物形……竊象米及物在穴中，萵聲。”[59]朱、林二氏之說，稍較《說文》說解合理，但始終是推測，沒法確證。而且，根據他們的說法，“竊”字也是三形一聲，並不符合唐蘭等近代學者所說的形聲字在造字時必須是一形一聲的說法。張文虎《舒藝室隨筆論說文》：“萵廿不同部，豈得兩諧其聲，蓋非許義，廿當作艸，從芉省。《爾雅‧釋蟲》：‘蛄蟹強蛘。’《方言》作‘強羊’，郭注：‘今米穀中蠹小黑蟲是也。’萵、蟲也，義兼聲，從穴從艸會意。盜自中出者，猶言火生于木。

56　《說文解字詁林》頁 3173a。

57　同上，頁 3173a。

58　同上，頁 3173b。

59　同上，頁 3174a。

書家誤寫卝作廿，許解又缺，离廿十二字皆後人妄增。"[60]根據張說，可以把"竊"字解釋成會意字，但卻未免臆度過甚了。

三

　　《說文解字》所謂二形一聲字中，"歸"、"穰"、"癆"、"飾"、"靴"、"飭"、"奉"、"敹"、"鬋"、"憲"、"矮"、"柩"、"衡"、"棄"、"䰠"等字，若改析為一形一聲，大概都沒有問題。這些字中，"奉"、"敹"、"鬋"、"憲"、"矮"、"柩"、"衡"、"棄"、"䰠"是緟益字，"歸"、"穰"、"癆"、"飾"、"靴"、"飭"不是緟益字。先說"歸"、"穰"、"癆"、"飾"、"靴"、"飭"等六字：

　　（一）"歸"------《說文解字》二篇上止部："歸，女嫁也。從止，從婦省，𠂤聲。歸，籀文省。"[61]"歸"字甲骨文作 ✦（後 2.33.4）、✦（甲 761）、

---

[60] 同注 58。

[61] 《說文解字》頁 38。

☒（乙 7393）[62]，或從帚 ☒ 聲，或從帚 自 聲；金文作 ☒（矢尊）、☒（不嬰簋）、☒（蒲滿簋）、☒（歸父盤）[63]，其形體有四：（一）從帚 自 聲；（二）從帚追聲；（三）從帚徝 聲；（四）從帚遂聲。小篆"歸"字蓋從帚 ☒ 聲，與甲骨文首類同；"☒"蓋"追"、"徝"之異體，古文字偏旁"止"、"辵"、"彳"多不別。

　　（二）"穅"------《說文解字》七篇上禾部："☒，穀皮也。從禾，從米，庚聲。☒，穅或省。"[64]"康"字甲骨文作 ☒（乙 817）、☒（前 1.12.8）、☒（前 1.37.1）、☒（輔仁 61）[65]，金文作 ☒（女康丁簋）、☒（康庆簋）、☒（克鐘）、☒（頌鼎）、☒（伊簋）[66]。羅振玉曰："《說文解字》：'穅，穀皮也。'或省作康。此字與許書或體略同。穀皮非米，以 ☒ 象其碎屑之形，故或作 ☒，或作 ☒，

---

[62]　《甲骨文編》頁 56。
[63]　《金文編》頁 69。
[64]　《說文解字》頁 145。
[65]　《甲骨文編》頁 309。
[66]　《金文編》頁 756-757。

或作 ㇑㇑，無定形。"[67]郭沫若說："庚字小篆作兩
手奉干之形，然於骨文、金文均不相類。金文更有
作🌣者……作🌣者……觀其形制，當是有耳可搖之樂
器，以聲類求之，當即是鉦。《說文》：'鉦、鐃
也，佀鈴，柄中，上下通。從金，正聲。'……鉦
從正聲，在耕部，與陽部之庚聲極相近。鉦鐃例當
後起，則知庚蓋鉦之初字矣。……從庚之字有康字，
小篆作康，從米，云穅之省。穅曰'穀之皮'。然
古文康字不從米……意亦絕無穅義。然羅氏猶沿許
書以爲說，以庚下之點作爲象穀皮碎屑之形，此恐
未必然也。康字訓安樂、訓和靜、訓廣大、訓空虛，
只空虛之義於穀皮稍可牽及，其它均大相逕庭，無
由引伸。余意此康字必以和樂爲其本義，故殷周帝
王即以其字爲名號。穅乃後起字，蓋從禾康聲，古
人同音通用，不必康即是穅。大凡和樂字古多借樂
器以爲表示，如和本小笙，樂本絃樂之象，又如喜
字從壴（古鼓字，象形），龢龤字從龠，雅字亦本
樂器之名，然則康字蓋從庚，庚亦聲也。庚下之點
撇，蓋猶彭之作 🌣 若 🌣，言之作 🌣 若🌣。"[68]李
孝定曰："穀皮之字，仍當以穅爲本字，康爲借字，

---

[67] 《增訂殷虛書契考釋》（東方學會，石印本，1927）卷中頁 35a。
[68] 《甲骨文字研究》（香港：中華書局，1976 年 5 月）頁 169-171。

其篆體並不當從米，從米者，乃庚下小點 ⁚⁚ 之形
譌……實則穀皮之訓從禾，於義已足，康祇是聲符，
無取於從米也，"[69]根據郭、李二氏之說，"穅"本
從禾，康聲。

（三）"癮"------《說文解字》七篇下癮部：
"𤕭，寐而有覺也，從宀，從疒，夢聲。……"[70]金
文有𡩠字[71]，隸定為疒，那麼，癮便是從疒，夢聲了。

（四）"飾"------《說文解字》七篇下巾部：
"𩛿，㕞也。從巾，從人，食聲。讀若式。一曰：
襐飾。"[72]丁福保曰："慧琳《音義》一卷八頁、
十五卷二十一頁、三十九卷六頁飾注引《說文》：
'刷也。從巾，飤聲。'二徐本'刷'誤作'㕞'，
'飤聲'誤作'人食聲'，宜據改。"[73]《說文解字》
五篇下食部有"飤"字[74]，甲骨文、金文也有"飤"

---

[69] 《甲骨文字集釋》（臺北：中央研究院歷史語言研究所，1970
年 10 月再版）頁 2363。

[70] 《說文解字》頁 153。

[71] 《金文編》頁 432。

[72] 《說文解字》頁 159。

[73] 《說文解字詁林》頁 3426a。

[74] 《說文解字》頁 107。

字[75]，"飾"字當從巾䬃聲。

（五）"靴"------《說文解字》十篇下夲部：
"䪥，進也。從夲從屮，允聲。"[76]金文"靴"字作 䪥
（虢季子白盤）、䪥（兮甲盤）[77]，"奉"字作 䇂
（杜伯盨）、䇂（叔卣）、䇂（彔伯簋）、䇂（毛公
鼎）、䇂（靜簋）[78]，可見"靴"字從奉允聲，小篆
"靴"字偏旁與叔卣"奉"字略近。

（六）"飭"------《說文解字》十三篇下力部：
"飭，致堅也。從人，從力，食聲。"[79]桂馥、王筠、
朱駿聲都認爲"飭"當從力，䬃聲[80]，甲骨文、金
文、小篆都有"䬃"字，桂、王、朱三氏的說法是
可信的。

"奉"、"敎"、"鬍"、"憲"、"魃"、"柩"

---

[75]　《甲骨文字集釋》頁 1771；《金文編》頁 285-286。

[76]　《說文解字》頁 215。

[77]　《金文編》頁 559。

[78]　同上，頁 558-559。

[79]　《說文解字》頁 292。

[80]　詳見《說文解字詁林》頁 6235a。

是增加形符的緟益字，茲分述如下：

（一）“奉”------《說文解字》三篇上 ［廾］部：
“［奉］，承也。從手，從廾，半聲。”[81] “奉”字金文
作 ［象］（散盤）[82]，楊樹達說：“以字從廾，從丰核
之，蓋奉（奉）之初字也。字從廾，丰聲，小篆復
加手旁，則與從廾義複。”[83]

（二）“斅”------《說文解字》三篇下教部：
“［斅］，覺悟也。從教，從冂，冂，尙矇也，臼聲。［學］，
篆文斅省。”[84] 徐灝《說文解字注箋》：“斅從冂，
其義難明。疑先有學，而後加攴爲斅。”[85] 金文有
“學”字[86]，徐說是也。

（三）“鬎”------《說文解字》九篇上彡部：
“［鬎］，鬄髮也。從彡，從刀，易聲。”[87] 徐鍇《說文

---

[81] 《說文解字》頁 59。

[82] 《金文編》頁 122。

[83] 《積微居金文說》（北京：科學出版社，1959 年 9 月）頁 35。

[84] 《說文解字》頁 69。

[85] 《說文解字詁林》頁 1377b。

[86] 《金文編》頁 175。

[87] 《說文解字》頁 186。

繫傳》作"鬏髮也。從彡，剔聲。"[88]徐灝《說文
解字注箋》："剔即鬏之本字也。……鬏字蓋從剔，
而相承增彡。即鬚之或體，後人因《說文》無剔字，
遂改爲從刀易聲。當從《繫傳》作剔聲爲長。至刀
部無剔，則許君偶遺之，或傳寫佚奪，未可知耳。
剔字見於《毛詩》及《莊周》、《韓非》諸書，非
俗作也。"[89]徐說是也。

　　（四）"憲"------《說文解字》十篇下心部：
"憲，敏也。從心從目，害省聲。"[90]段玉裁《說文
解字注》："心目並用，敏之意也。"[91]"憲"字
金文作 𢤲（伯憲盉）、𢤲（憲鼎）[92]，是先有"𡉻"，
然後加心旁作"憲"。

　　（五）"𡜟"------《說文解字》十二篇下女部：
"𡜟，生子齊均也。從女，從生，免聲。"[93]徐鍇《說

---

88 《說文解字詁林》頁 4003b。
89 同上，頁 4004a-4004b。
90 《說文解字》頁 217。
91 《說文解字詁林》頁 4662a。
92 《金文編》頁 565。
93 《說文解字》頁 259。

文繫傳》作"從女姓聲",[94]苗夔《說文繫傳校勘記》：
"鍇本既誤而鉉亦誤，蓋《說文》無姓字也。此字
宜入生部，從生，娩聲。"[95]《段注》改作"從女
免生"，並云："小徐作'從女姓聲'，大徐作'從
女從生兔聲'，恐皆誤，以兔為聲尤非，蓋元應在
唐初已誤矣，今正。"[96]徐灝《說文解字注箋》：
"《越語》：'將免者以告'，《韋注》：'免，
乳也。'《漢書・許后傳》：'婦人免乳大故。'
字皆作免，今作娩者，相承增偏旁；女部又作姓，
同。"[97]又云："免身字古但作免，相承增女旁作
娩，又增生作姓，實一字耳。"[98]苗夔、徐灝之說，
似較可取，徐灝所言姓字孳乳繁衍之跡，當可信從。

（六）"柩"------《說文解字》十二篇下匚部：
"柩，棺也。從匚，從木，久聲。匶，籀文柩。"[99]
段玉裁《說文解字注》："各本有柩無匛，今依《玉

---

[94] 《說文解字詁林》頁 5540a。

[95] 同上。

[96] 同上。

[97] 同上，頁 4378b。

[98] 同注 94。

[99] 《說文解字》頁 268。

篇》補。《玉篇》曰：‘匛，棺也。亦作柩。’蓋希馮在梁時所據《說文》如是，以後柩行匛廢，遂變許書之舊。……匛蓋古文，而小篆仍之者，《檀弓》曰：‘有虞氏瓦棺，夏后代塈周，殷人棺椁，周人牆置翣’。瓦棺、塈周皆以土不以木。……倉頡造字，從匚從久。《白虎通》云：‘柩，久也，久不復變也。’造字之初，斷不從木。”[100]段說可從，“柩”從木匛聲。

　　“衡”、“橐”、“𩜍”是增加聲符的緟益字，茲分述如下：

　　（一）“衡”------《說文解字》四篇下角部：“𧗽，牛觸，橫大木其角。從角，從大，行聲。《詩》曰：‘設其楅衡’。𢎨，古文衡如此。”[101]“衡”字金文作 𧗽（毛公鼎）、𧗽（番生簋）[102]。高鴻縉曰：“衡字本義，即後世縱橫之橫，牛角矢，行聲。小篆變作角大，意稍晦，角大不必橫也。”[103]古文“衡”

---

[100]　《說文解字詁林》頁 5737a。

[101]　《說文解字》頁 94。

[102]　《金文編》頁 231。

[103]　《中國字例》頁 595。

作 ⿰，據番生簋"衡"字字形度之，"衡"字可能
本從角矢會意，後加行聲。

　　（二）"欘"------《說文解字》六篇上木部：
"⿰，茉臿也。從木入，象形，咠聲。"[104]段玉裁《說
文解字注》："從木，謂柄；從入者，象兩刃也。"
[105]王筠《說文句讀》："欘者，入地之器，而入字
之形，又與其刃似也。"[106]"欘"字金文作 ⿰（散
盤）[107]，林義光《文源》："《釋名》云：'齊魯
間四齒杷爲欘。'古作 ⿰（散氏器），象四齒杷
之形，中象其竿柄，下亦象柎，咠聲。"[108]林說可
參，金文"欘"字是在象形基礎上加注聲符的一形
一聲字。小篆之 ⿰，也是整體象形，"咠"則爲加
注的聲符。

　　（三）"㪍"------《說文解字》三篇下丮部：

---

[104]　《說文解字》頁 121。

[105]　《說文解字詁林》頁 2534b。

[106]　同上。

[107]　《金文編》頁 315。

[108]　《說文解字詁林》頁 2534b。

"🐚"，設飪也。從虤，從食，才聲。"[109]朱駿聲《說文通訓定聲》："從虤食會意，才聲。"[110]"飥"字沈子簋作 🐚 [111]，似但象兩手持食之形。按照造字之常理，應該先有這樣的一個會意字，然後加才聲作"飥"；不過，甲骨文已經有從虤食，才聲的 🐚（甲 2622）了[112]。

　　此外，《說文解字》所謂三形一聲的"寶"、"籥"、"疑"、四形一聲的"尋"、一形二聲的"鬲"、"鑪"，改析成一形一聲，都能言之成理。茲分述如下：

　　（一）"寶"------《說文解字》七篇下宀部："🐚，珍也。從宀，從玉，從貝，缶聲。🐚，古文寶省貝。"[113]"寶"字甲骨文作 🐚（甲 3330）、🐚（甲 3741）、🐚（後 2.18.3）[114]，從宀從貝從玉，

---

[109]　《說文解字》頁 63。

[110]　《說文解字詁林》頁 1218b。

[111]　《金文編》頁 137。

[112]　《甲骨文編》頁 112。

[113]　《說文解字》頁 151。

[114]　《甲骨文編》頁 317。

象貝、玉在宀內之形，是個會意字；"寶"字是在
"賓"這個會意字上加注聲符的形聲字。

（二）"籀"------《說文解字》十篇下𡴆部：
"𥸸，窮理罪人也，從𡴆，從人，從言，竹聲。𩎖，
或省言。"[115]徐灝《說文解字注箋》："籀從𡴆從
人從言竹聲，而米部'𥹝'、手部'𢷑'、勹部
'𩎖'，並從'籀省聲'，已覺參差，乃艸部'𦽏'
既從'籀省聲'，而'籀'省爲'𥳑'，'𦽏'又省
爲'𦽏'，尤爲失其倫序。竊謂鳥部之'鵪'、宀
部之'𥧄'，並云'從𥳑聲'，'𥳑'當自爲一字。
'籀'與革部之'𩎖'、米部之'𥹝'，當如'鵪'、
'𥧄'，並用'𥳑'爲聲。若勹部之'𩎖'、手部之
'𢷑'，則從'𥳑'省聲耳。'𥳑'從𡴆從人竹聲，
即治囚之義，與督笞之督聲相近，殳部𣪊即督笞本
字。"[116]根據徐灝之說，應該先有"𥳑"字，後加
"言"爲義符，形成從言𥳑聲的一形一聲字。

（三）"疑"------《說文解字》十四篇下子部：

[115] 《說文解字》頁 215。
[116] 《說文解字詁林》頁 4599b。

"𣥠，惑也。從子止匕，矢聲。"[117]甲骨文 "疑"
字作 𣥠（前 7.19.1），孫海波釋之曰："象人扶
杖而立，徘徊歧路之意。"[118]郭沫若曰："𣥠 當是
古疑字，象人持杖出行而仰望天色。金文伯疑父簋
文作 𤕟，從辵，與此從彳同意，牛聲也。秦刻詔版
文歉疑作 𤕟，從辵省（省彳存止），子聲也。小
篆作𣥠，雖稍訛變，亦從子聲。子聲、牛聲與疑同
在之部。"[119]郭說是也，古文字從彳、從辵、從止
不別。

　　（四）"彐" ------《說文解字》三篇下寸部：
"�","繹理也。從工，從口，從又，從寸。工口亂
也，又寸分理之，彡聲。此與𣪏同意，度人之兩臂
爲尋，八尺也。"[120]唐蘭曰："余謂 𠃌 若 𠨃，實
尋之古文。由字形言，八尺曰尋，《大戴・王言》
云：'舒肘知尋。'《小爾雅》云：'尋，舒兩肱
也。'按度廣曰尋，古尺短，伸兩臂爲度，約得八

---

[117] 《說文解字》頁 310。
[118] 引自《甲骨文字集釋》頁 4321。
[119] 《卜辭通纂考釋》（東京：文求堂書店，1933）第 380 片考
釋。
[120] 《說文解字》頁 67。

尺。卜辭偏旁之 ⟨字形⟩，正象伸兩臂之形。其作 丨 者，
丈形。《說文》丈作 ⟨字形⟩，從十；十在古文當爲 丨，
以手持杖是爲丈。卜辭作 ⟨字形⟩，則伸兩臂與杖齊長，
可證其當爲尋丈之尋也。卜辭或作 ⟨字形⟩者……是席
長亦八尺，故伸臂與之等長也。卜辭又有 ⟨字形⟩ 字，
地名……余謂當是從口 ⟨字形⟩ 聲，蓋 ⟨字形⟩ 形小變而爲
⟨字形⟩ 耳。又有 ⟨字形⟩（前四、十三、四）字，前人亦未
釋；余謂 ⟨字形⟩ 即 ⟨字形⟩ 之變體，此 ⟨字形⟩ 及 ⟨字形⟩ 當即今
隸之尋字，蓋古文 ⟨字形⟩ 或作 丨（如 ⟨字形⟩ 爲 ⟨字形⟩），故 ⟨字形⟩
與 ⟨字形⟩ 可併爲一字。⟨字形⟩ 或變爲 I（如 ⟨字形⟩ 即 ⟨字形⟩），
故 ⟨字形⟩ 或 ⟨字形⟩ 可變爲從 I，則作 ⟨字形⟩ 形者可變爲⟨字形⟩，
稍易其形即爲 ⟨字形⟩ 矣。"[121]梁東漢曰："按：'繹
理也'是後起義，本意應爲'八尺'。'尋'（尋
是一個不標音的符號，兩臂伸直爲一尋。它本來是
一個會意字，後來演變爲⟨字形⟩，又添"口"（和"口
鼻"的"口"無關）成'尋'，最後加注音符
'彡'。可見'⟨字形⟩'字是由會意字'尋'加音符變
成的。'尋'字本身是一個整體，不能分解爲組成
'⟨字形⟩'字的四個義符，它在'⟨字形⟩'這個符號裏，是
一個指示詞義的義符"。[122]按經典裏"⟨字形⟩"作

[121]　《天壤閣甲骨文存考釋》（北京：輔仁大學，1939）頁 42b-43a。
[122]　《漢字的結構及其流變》頁 127。

“尋”，不從彡；而且《說文》裏“蕁”、“潯”、“[illegible]”三字的說解都說“從尋”[123]，因此，應本有尋字，後加彡聲，形成從尋彡聲的“㝷”字。

（五）“𠷎”------《說文解字》二篇上口部：“，誰也。從口 𢏚又聲。𢏚，古文疇。”[124]嚴可均《說文校議》：“《廣韻》十八尤引《說文》：‘𠷎，誰也。又作𠷎。’則 𠷎爲正體，𠷎爲重文。鼎彝器銘 𢏚 字甚多，許書璹、䮷、犨、毃、檮、幬、[illegible]、擣、壔、醻等字皆從 𢏚 聲，則口部不得脫 𢏚 字，議依《廣韻》改篆爲 ，云：‘誰也。從口，𢏚聲。又作 ，從又。’許書重文例得附見于說解中也。”[125]“𠷎”字金文作 （豆閉簋）、（𠷎簋）[126]，嚴說是也，“又”是後加的聲符。

（六）“䪢”------《說文解字》七篇下韭部：“，齏也。從韭，次 𠂔皆聲。，䪢或從齊。”

[123] ‘蕁’字見《說文解字》頁 18；‘潯’字見《說文解字》頁 23；‘[illegible]’字見《說文解字》頁 77。

[124] 《說文解字》頁 33。

[125] 《說文解字詁林》頁 609a。

[126] 《金文編》頁 59。

[127]馬敘倫曰："蠶本作𧐍、鎀二字。𧐍從 㕚 得聲，鎀從次得聲（鎀字見《世說》），本轉注字，猶造次字本作越，資斧字當作鈰也，傳寫誤合爲一。"

[128]唐蘭曰："石鼓文有'欶'字，可見蠶字本該是從韭欶聲。《說文》因爲漏了字，就只好說從韭，㕚、次皆聲了，一個字而諧兩個聲母，真是匪夷所思了。" [129]"蠶"字的構成，有三個可能：（一）如唐蘭說，從韭 欶聲；（二）如馬敘倫說，本有"蠶"、"鎀"二字，傳寫誤合爲一；（三）先有"𧐍"或"鎀"字，後來因爲時空關係，加添了聲符成轉注字。總之，"蠶"字似不可能直接用一形二聲的方式製造。

四

《說文解字》所謂二形一聲字中，"薄"、"梁"、"塋"、"醬"、"櫨"、"苔"、"碧"、"嗣"、"灂"等字，可以分析成一形一聲，不過，《說文解字》二形一聲的說法，也可以言之成理，二說孰

---

[127] 《說文解字詁林》頁 3199b。

[128] 《說文解字六書疏證》卷 14 頁 8。

[129] 《中國文字學》頁 108。

優，比較難於斷定，茲逐字說明如下：

（一）"蔿"------《說文解字》一篇下艸部：
"蔿，芙藥根。從艸水，禹聲。"[130]嚴可均《說文
校議》："此篆得從潙聲，而云從艸水，禹聲，蓋
水部舊無潙篆。"[131]今本《說文解字》十一篇上水
部有"潙"字[132]，又同部"潔"字說解作"水，出
趙國、襄國，東入潙"[133]，"渚"字說解作"水，
在常山中丘逢山，東入潙"[134]，金文也有"潙"字
[135]，因此，"蔿"得從艸潙聲。不過，蔿多生於池
中，配合"薄"從艸從水，"藻"從艸水來看，《說
文》"從艸水"的說法，也有一定的道理。

（二）"梁"------《說文解字》六篇上木部：
"梁，水橋也。從木，從水，刅聲。梁，古文。"[136]

---

[130] 《說文解字》頁 20。

[131] 《說文解字詁林》頁 340b。

[132] 《說文解字》頁 228。

[133] 同上。

[134] 同上。

[135] 《金文編》頁 574。

[136] 《說文解字》頁 124。

金文有 ⿰亻刀 字[137]，《說文》水部有汈字，說解云：
"水也。從水，刀聲。"[138]桂馥《說文義證》："刀
聲者，《廣韻》：'汈，式羊切，音商，水名。'
馥謂當從乃，轉寫訛從刀，音隨形變矣。"[139]因此，
"梁"字很可能是從木汈聲，不過，正如《段注》
說："梁之字，用木跨水"[140]，"梁"字古文作 ⿰木⿱水水，
也是取象於木和水，《說文》說"梁"字"從木從
水乃聲"，也不是全無道理。

（三）"塗"------《說文解字》十一篇上水部：
"⿰水土，涂也。從水，從土，㦭聲。讀若隴。"[141]土
部重出"塗"字，說解云："涂也。從土，㳘聲。"
[142]段玉裁《說文解字注》於土部"塗"字下曰："……
《詩·角弓》傳曰：'塗者，泥也。'《通俗文》
曰：'泥塗謂之瀧洓。'泥塗必兼水土爲之，故字
兼從水土。"[143]鈕樹玉卻認爲"塗"不應"從水，

---

[137] 《金文編》頁 317。

[138] 《說文解字》頁 228。

[139] 《說文解字詁林》頁 4931a。

[140] 同上，頁 2608a。

[141] 《說文解字》頁 237a。

[142] 同上，頁 287a。

[143] 《說文解字詁林》頁 6116a。

從土，尨聲”，鈕氏《說文解字校錄》云：“土部
有塗，訓‘涂’，從土，泆聲。徐氏云：‘水部已
有，此重出。’樹玉謂水部疑後人增，土部當有，
蓋《說文》有‘泆’，不應作‘從水，從土，尨聲’
也。”[144]土部“垷”、“堇”二字皆訓“涂”，這
兩個字都只從土，不從水[145]。段、鈕二氏之說均有
道理。

　　（四）“醬”------《說文解字》十四篇下酉部：
“醬，盬也。從肉，從酉，酒以和醬也，爿聲。牆，
古文。醬，籀文。”[146]段玉裁《說文解字注》改“盬
也”作“醢也”，並於“從肉酉”下曰：“從肉者，
醢無不用肉也。”[147]張文虎《舒藝室隨筆論說文》
曰：“寸部：‘將，帥也。從寸，醬省聲。’案：
手部有捪字，從手爿聲，訓‘扶也’，此變手，從
夕，夕即肘字，肘即手也，將字宜為捪之重文。至
醬字當為從酉從將省聲，今云將字從醬省聲，未敢

[144]　《說文解字詁林》頁 5096a。

[145]　“垷”、“堇”二字，見《說文解字》頁 287。

[146]　《說文解字》頁 313a。

[147]　《說文解字詁林》頁 6689b。

信從。”[148]《說文》犬部之“獎”，水部之“漿”竝從“將省聲”[149]，而且，訓“肉醬”之“醢”尙且不從肉，“醬”字便不一定要從肉了，因此，“醬”字“從酉將省聲”是很有可能的。不過，《說文》“從肉從酉爿聲”之說，也似乎不是全無道理。

　　（五）“樵”------《說文解字》六篇上木部：“𣚜，積火燎之也。從木，從火，酉聲。𥙫，柴祭天神，或從示。”[150]《段注》改“積火”作“積木”，並云：“木，各本作火，今依《玉篇》、《五經文字》正。”[151]馬敍倫曰：“此作 火 酉聲，火 爲燎之初文，字見金甲文而本書無之。”[152]按小篆之 𤒅，甲骨文作 𤓉（佚 928）[153]，金文作 𤓉（郘伯馭簋）[154]，馬說是有根據的。不過，我們還需要想一想，造字時會想起“樵”和“燎”的關係呢，還是會想

---

[148] 《說文解字詁林》頁 1311a。

[149] “獎”字見《說文解字》頁 204 b，“漿”字見《說文解字》頁 236 a。

[150] 《說文解字》頁 125。

[151] 《說文解字詁林》頁 2631a。

[152] 《說文解字六書疏證》卷 11 頁 132。

[153] 《甲骨文編》頁 410。

[154] 《金文編》頁 545。

起“檇”和木、火的關係呢？似乎兩者都有可能。

（六）“萅”------《說文解字》一篇下艸部：
“**萅**，推也。從艸，從日，艸，春時生也，屯聲。”
[155]王筠《說文釋例》：“蚰部 **蠢** 之古文作 **萅**，說
解但言從旾，則是旾聲不改也。今人皆謂旾即 **萅**，
蓋是。”[156]“萅”字甲骨文作 **萅**（粹 1151）、**旾**（戩
22.2）、**艸**（佚 784）[157]，或從艸從日屯聲，或從日
屯聲，或從艸屯聲。按照文字孳乳的通則，當先有
“旾”、“芚”，後有“萅”。但有沒有可能造字
時陽光普照，草木重生，因而造出既從艸，又從日
的“萅”字呢？似乎也不是完全沒有可能。

（七）“碧”------《說文解字》一篇上玉部：
“**碧**，石之青美者。從玉、石，白聲。”[158]梁東漢
說：“所謂‘從玉石’，意思是說：‘玉’、‘石’
都是義符。這種分析是有毛病的，因為‘碧’既是
‘石之青美者’，它就只能是石，不可能是石又是
玉。所以‘碧’字應該是從‘石’，‘珀’聲，是

---

[155] 《說文解字》頁 27。

[156] 《說文解字詁林》頁 474。

[157] 《甲骨文編》頁 22-23。

[158] 《說文解字》頁 13。

一形一聲的形聲字。"[159]梁氏說"碧"不可能是石
又是玉，其實，玉、石之間的界限並不很分明，玉
就是色澤美麗的石，《說文》玉部"瑂"、"瑀"、
"琟"、"珢"、"瑰"、"璞"、"瓃"、"璿"、
"瓃"、"琥"、"璾"、"琝"、"瑾"、"瑳"、
"瑌"、"瑂"、"璒"、"玒"、"玕"等字訓
"石之似玉者"；"玤"、"玪"、"璓"、"玖"、
"璅"、"珣"等字訓"石之次玉者"；"琨"、
"珉"、"瑤"、"玫"四字訓"石之美者"；"珋"
字訓"石之有光璧珋也"。[160]以上各字從玉，但說
解都釋作石，可見古人造字，界限本不甚分明。
"碧"字《說文》訓"石之青美者"，但古注卻多
訓作玉，如《山海經‧西山經》"高山其下多青碧。"
郭璞注："碧，亦玉類也。"《淮南子‧墜形訓》：
"碧樹瑤樹在其北。"高誘注："碧，青玉也。"
《急就篇》："璧碧珠璣玫瑰罋。"顏師古注："碧，
縹玉也。"《文選》左思《蜀都賦》："或隱碧玉。"
李善注："碧玉，謂水玉也。"又《漢書‧司馬相
如傳上》："錫碧金銀。"顏師古注："碧，謂玉
之青白色者也。"可見我們也不能說"碧"是石不

---

[159]　《漢字的結構及其流變》頁 126。

[160]　玉部諸字見《說文解字》頁 12-13。

是玉。當然，就造字的常理來看，"碧"字從石珀聲之說是比較合理的。《說文》不載"珀"字，可能是漏列了。

（八）"嗣"------《說文解字》二篇下冊部："𤔲，諸侯嗣國也。從冊，從口，司聲。𤔽，古文嗣從子。"[161]徐鍇《說文繫傳》："冊必於廟，史讀其冊，故從口。"[162]金文"嗣"字作 𤔲（盂鼎）、𤔲（曾姬無卹壺）[163]；"龠"字作 𤔲 （散盤）[164]。我們可以把"嗣"字分析為從龠司聲。不過，龠和口冊那一個跟"嗣"的關係大呢？似乎還需要斟酌。而且，金文中的"龠"字，即使作為偏旁，也沒有跟盂鼎"嗣"字偏旁相同的。

（九）"灑"------《說文解字》十一篇上水部："灑，釃酒也。一曰：浚也。從网，從水，焦聲。讀若夏。《書》：'天用勦絕。'"[165]徐鉉曰："以

---

[161] 《說文解字》頁 48。

[162] 《說文解字詁林》頁 920a。

[163] 《金文編》頁 99。

[164] 同上，頁 96。

[165] 《說文解字》頁 236。

縑帛漉酒，故從网。"[166]徐鍇《說文繫傳》："纚，
濾酒也。故從网。"[167]王筠《說文句讀》："网水
者，猶云以葛布漉酒也。"[168]他們闡釋了"羅"字
從网的原因。馬敘倫《說文解字六書疏證》："羅
訓'醨酒'，'從网'不可通，徐鉉謂'以縑帛漉
酒，故從网'，王筠謂'猶云以葛布漉酒'，皆強
為之詞。疑從水羀聲，今失羀字；或從网潐聲，為
罩之轉注字，醨酒字亡矣，古書借羅為之。"[169]不
錯，"羅"訓"醨酒"而"從网"，是比較轉折，
但徐鉉、徐鍇、王筠所說"羅"字從网之義，還是
可以接受的。《說文》水部有"潐"字[170]，"羅"
字很可能從网潐聲。不過，正如王筠所說："网水
者，猶云以葛布漉酒也"，《說文》"羅"字"從
网從水焦聲"之說，也不是完全沒有道理的。

五

　　馬敘倫、唐蘭、梁東漢等學者試圖把《說文解

---

[166] 《說文解字詁林》頁 5076b。

[167] 同上。

[168] 同上，頁 5077a。

[169] 《說文解字六書疏證》卷 21 頁 118-119。

[170] 《說文解字》頁 235。

字》的二形一聲字改析爲一形一聲，其中有些說法
是缺乏證據的，例如他們認爲“簠”、“盬”、“堅”
是增加形符的緟益字，“稿”是增加聲符的緟益字，
但這些字的初體，卻沒法在古文字中找到，因此說
服力也相應減弱了。茲逐字說明如下：

　　（一）“簠”------《說文解字》五篇上竹部：
“簠，黍稷圜器也。從竹，從皿，甫聲。匡，古文
簠從匚從夫。”[171]梁東漢曰：“金文‘簠’字作 匿
匿 匿。從‘金’的‘匿’是‘匿’的繁化字，它的
演變和‘簠’字的演變是相同的。它們都不是所謂
二形一聲的形聲字。”[172]“簠”字小篆的形體跟金
文相距很遠，好像不是直接從金文演變出來的。馬
敘倫說：“按如今篆當爲從竹盧聲。”[173]但古文字
中卻沒有“盧”字，因此，馬氏之說雖然合於文字
孳乳之理，卻苦於沒有證據。

　　（二）“盬”------《說文解字》五篇上皿部：
“盬，器也。從皿，從缶，古聲。”[174]楊樹達曰：

---

[171] 《說文解字》頁 97。
[172] 《漢字的結構及其流變》頁 127。
[173] 《說文解字六書疏證》卷 9 頁 25。
[174] 《說文解字》頁 104。

　　“《說文》五篇上皿部有醢字，云：‘器也。從皿，
從缶，古聲。’自來說者皆不詳其用，竊疑其爲金
文 匲字之或體也。字從皿與簋同，從古聲與 匲同，
從缶表其初器之質，猶簋之從竹也。”[175]馬敘倫曰：
“此俗字。或盉、盇二字之合文也。”[176]從理論上
說，可先有“盉”，然後加“皿”做義符成“醢”
字；也可先有“盇”，然後加“缶”做義符成“醢”
字。但古文字中不見“盉”、“盇”二字，上述的
說法也就缺乏確實的證據了。

　　（三）“堅”------《說文解字》十四篇下𦥔部：
“堅，耕，以臿浚出下壚土也。一曰：耕休田也。
從 𦥔，從土，召聲。”[177]馬敘倫曰：“字既從 𦥔，
又從土，疑本是 陷、坧二字，誤合之也。或從 𦥔，
𦥔聲，則猶陞之於坴矣，堅蓋𦥔之後起字。”[178]古
文字中不見“陷”、“坧”二字，馬說無法確證。

　　（四）“穧”------《說文解字》六篇下禾部：

---

[175]　《積微小學述林》（臺北：大通書局，1971）頁 11。

[176]　《說文解字六書疏證》卷 9 頁 112。

[177]　《說文解字》頁 306。

[178]　《說文解字六書疏證》卷 28 頁 22-23。

"積，多小意而止也。從禾，從支，只聲。一曰：
木也。"[179]小徐本作"從禾只支聲"[180]，與大徐本
"從禾從支只聲"不同。王筠《說文繫傳校錄》說：
"……大徐'從禾，支只聲'是也。即觀《繫傳》
曰：'支即止也'，亦可知小徐讀'從禾支'爲句，
支所以可訓爲止者，**关**之曲者，其中之榦也，榦而
旁出，則如支矣，故云然。其實支、只皆聲，小徐
誤分句讀耳。"[181]馬敍倫說："此字如鍇本作'從
禾只支聲'，似以只、支二字爲聲，倫謂積得聲於
只，一則可證於迟之從只得聲而訓'曲行也'，再
則可證於枳枸木之從只從句得聲，而《詩・南山》
正義謂枸木多枝而曲也。枳枸正與積椇同，然則積
字或亦本枝、积兩字，一正一重也。積爲枝、积二
字之誤并，猶碧爲珀、砬字之誤并，勷爲劲、勵二
字之誤并矣。"[182]"積椇"一詞，或作"枳椇"、
"枳枸"、"枳句"、"枝拘"。由於"積"字在
古籍中或作"枳"或作"枝"，馬敍倫認爲"積爲
枝、积二字之誤并"，並不是完全沒有根據的。金

---

[179] 《說文解字》頁 128。

[180] 《說文解字詁林》頁 2701b。

[181] 同上。

[182] 《說文解字六書疏證》卷 12 頁 18。

文從木之字或從禾，例如“枲”字作 𣚺 (枲尊)[183]，
“休”字作 𣗁 (易鼎)，又作 𣗁 (胸簋) [184]，可
見木、禾這兩個形旁可以相通；“只”、“支”上
古同屬章紐支韻，這兩個聲旁也可以相通。我們也
可以略爲修改馬說，把“積”說成是從积支聲、或
從枝只聲的複體形聲字；不過，古文字中終究沒有
“积”字和“枝”字，雖然說金文從木之字或從禾，
但如果有“积”、“枝”二字，便更能提供直接的
證據了。

　　又如下列各字，被認爲當屬諧聲偏旁的字在古
文字中都沒法找到，茲說明如下：

　　（一）“㭋”------《說文解字》六篇下禾部：
“𣤦，積㭋也。從禾，從又，句聲。又者，從丑省。
一曰：木名。”[185]徐鍇《說文繫傳》：“丑者，束
縛也。故從丑省。積㭋，詘曲不伸之意也。”[186]段
玉裁《說文解字注》於說解“又者，從丑省”下說：

[183] 《金文編》頁 313。

[184] 同上，頁 318-319。

[185] 《說文解字》頁 128。

[186] 《說文解字詁林》頁 2702b。

“說從又之意，丑、紐也，紐者、不伸之意。”[187]
徐灝《說文解字注箋》：“人手指節短小曲屈，積柀
似之，故從又；今以爲又從丑省，少迂折矣。”[188]
馬敍倫《說文解字六書疏證》：“倫按：此從禾叙
聲。”[189]古文字中沒有“叙”字，因此沒法證實馬
氏的說法。

　　（二）、（三）“遱”、“遺”------《說文解
字》十篇下允部，”㢉，彼不能行，爲人所引曰遱遺。
從允，從爪，是聲。”[190]“㢉，遱遺也。從允，從爪，
萬聲。”[191]馬敍倫《說文解字六書疏證》：“……
從 大，夐聲。……㢉 從 大，䯙聲。夐䯙者，提攜之
異文。”[192]古文字中沒有“夐”、“䯙”二字，雖說
“爪”、“手”意義相近，但始終不能作爲確證。

　　（四）“鬭”------《說文解字》十四篇下䦅部：

---

[187] 《說文解字詁林》頁 2702b。
[188] 同上，頁 2703a。
[189] 《說文解字六書疏證》卷 12 頁 18。
[190] 《說文解字》頁 214。
[191] 同上。
[192] 《說文解字六書疏證》卷 20 頁 24。

"▨"，塞上亭守燓火者。從䍒，從火，遂聲。▨，
篆文省。"[193]王筠《說文釋例》："《玉篇》火部
有燧、燓、䙲三字，皆與《說文》異；本部有 䙲字，
云：'似醉切，延道也，今作隧。'……《說文》
皆無之，或許君以䍒爲隧邪？似當依《玉篇》補䙲
字，䙲從豖聲，䙲即從䙲聲，於理甚順，且烽燧不
必在 䍒中，當入火部。"[194]馬敘倫《說文解字六書
疏證》："此及重文當入火部，此當補 ▨篆，重
文作▨。"[195]古代很可能有"䙲"篆，從䍒遂聲，而
"䙲"則可能從火䙲聲。不過，古文字中不見"䙲"
字，說"䙲"從火䙲聲，始終是一種推測。

此外，還有下列幾個情況比較特殊的字，茲分
別說明如下：

"藻" ------《說文解字》一篇下艸部："藻，
水艸也。從艸，從水，巢聲。《詩》曰：'于以采
藻。'藻，藻或從澡。"[196]馬敘倫《說文解字六書

---

[193] 《說文解字》頁 307。

[194] 《說文解字詁林》頁 6526a。

[195] 《說文解字六書疏證》卷 28 頁 29。

[196] 《說文解字》頁 26。

疏證》：“《儀禮》華采之字古文用纀，今文用藻、璪。本書無澡，藻字亦不見經記。疑篆本作蘱，從艸，纀聲，傳寫譌爲藻耳。說解：‘水艸也’，水字亦後人加之。或此字出《字林》。”[197]小篆“水”字作 ⿰ [198]，“糸”字作 ⿰ [199]，二字字形相去頗遠，傳寫譌誤，恐不至此。“藻”既然是水艸，那麼，從艸從水，不能說完全沒有可能。

　　　“藗”──《說文解字》一篇下艸部：“⿰，水藗荵。從艸，從水，毒聲。讀若督。”[200]桂馥《說文義證》：“水藗荵者，藗荵之生於水者也。”[201]馬敘倫《說文解字六書疏證》：“倫檢《爾雅‧釋草》：‘竹、萹蓄。’《詩‧淇澳》：‘綠竹猗猗’。《韓詩》‘竹’作‘藗’。是《雅》之‘竹’即此‘藗’。《雅》不言水生，《郭注》及《本草》皆言生道傍，朱謂水傍亦非水生，《詩‧釋文》引《韓詩》：‘藗、萹荵也。’然則此‘水’字是譌羨也。……

---

[197] 《說文解字六書疏證》卷 2 頁 140。

[198] 《說文解字》頁 224。

[199] 同上，頁 271。

[200] 同上，頁 16。

[201] 《說文解字詁林》頁 266b。

字本作‘藞’，《文選·西京賦》李注引《韓詩》：
‘綠藞如簧’。《玉篇》：‘藞與薄同。’然則作
‘薄’者後人改之，‘薄’從水者，蓋後人加之。”
[202]《毛詩·衛風·淇奧》：“瞻彼淇奧，綠竹猗猗。”
《韓詩》“竹”作“薄”。“薄”既與“淇奧”連
言，可知薄是生長於水旁的植物。《說文》從艸從
水之說，未爲無理。

“涅”------《說文解字》十一篇上水部：“涅，
黑土在水中也。從水，從土，日聲。”[203]王筠《說
文句讀》：“染布帛爲深藍色，再以池中茲泥塗之，
暴諸日而成緇。《五經文字》云‘從日’，蓋謂此
也。”[204]馬敍倫《說文解字六書疏證》：“……倫
謂黑土者，字當爲㞌，從土日聲。‘黑土也’乃㞌
字義，今本書無㞌字。《漢書·古今人表》‘幽王
宮涅’，《呂氏春秋·當染》注作‘宮皇’，皇即
㞌之譌也。是本有㞌字之證也。涅從水，㞌聲。陧
亦從㞌得聲也。……涅爲淤泥本字。”[205]金文有

---

202 《說文解字六書疏證》卷 2 頁 27。
203 《說文解字》頁 231。
204 《說文解字詁林》頁 4990b。
205 《說文解字六書疏證》卷 21 頁 78。

"呈"字，作 （拍鼎蓋）[206]，不過，"涅"的本義是"黑土"，當從土，馬氏說其字從水呈聲，不見得比《說文》"從水從土日聲"之說更可信。

　　"虜"------《說文解字》七篇上毌部："，獲也。從毌，從力，虍聲。"[207]徐鍇《說文繫傳》："《春秋左傳》：'原軫曰：武夫力而拘諸原。'故從力。毌，穿之也。獲者以索拘之……"。[208]段玉裁《說文解字注》："《公羊傳》：'爾虜焉。'故凡虜囚亦曰纍臣，謂拘之以索也。於毌義相近，故從毌"。[209]馬敘倫《說文解字六書疏證》："倫按：此勠之雙聲轉注字，今字用努。從力，虘聲。《汗簡》引張揖集古文虜字作 ，可證也。虘誤爲虍，而古書又借虜爲俘，或爲奴；故此以'獲也'訓之，而字爲從毌從力，入之毌部，不悟從力爲獲，尚可強通，復從毌字，毌爲貫之初文，從之何義，必附會於綑縛貫扛之義，斯穿鑿矣。"[210]馬氏說"虜

---

[206]　《金文編》頁 691。

[207]　《說文解字》頁 142。

[208]　《說文解字詁林》頁 3029a。

[209]　同上。

[210]　《說文解字六書疏證》卷 13 頁 64-65。

誤爲虘"，但古文字中"虜"皆不從"虘"，因此
沒法證實馬說。

　　"陳"------《說文解字》十四篇下自部："𨸏，
宛丘，舜後嬀滿之所封。從自，從木，申聲。𨸏，
古文陳。"[211]徐鉉曰："陳者、大昊之虛，八卦之
所，木德之始，故從木。"[212]王煦《說文五翼》：
"申部𨑏音引，陳似當從𨑏省聲。"[213]金文"陳"
字作 𨸏（陳公子甗）、𨸏（陳侯鬲）、𨸏（齊陳曼
簠）、𨸏（陳侯午錞）[214]，似從"東"得聲，"東"
字上古端紐東部，"陳"字上古定紐真部，二字韻
類頗有距離，但聲紐相近，同是舌頭音。古文 𨸏 字
從 自申聲，"申"字上古書紐真部，跟"陳"字同
部。小篆 𨸏 字或承金文而譌，或據古文另造新字，
或兼承金文、古文而有譌變，或如王煦所說從自𨑏
省聲，四者孰是，不可確知。

　　"聽"------《說文解字》十二篇上耳部："聽，

---

[211] 《說文解字》頁 306。

[212] 《說文解字詁林》頁 6510b。

[213] 同上，頁 6511b。

[214] 《金文編》頁 732。

聆也。從耳悤，壬聲。"[215]段玉裁《說文解字注》：
"從耳悤會意。耳悤者，耳有所得也，壬聲。"[216] "聽"
字甲骨文作 ⿰（乙 5522）、⿰（前 1.26.5）、⿰ （乙
3337）、⿰（前 6.54.6）[217]，金文作 ⿰、⿰（齊侯
壺）[218]。林義光《文源》："《說文》云：'聖，
通也。從耳，呈聲。'按古作 ⿰（太子聽彝），
作 ⿰（太保彝），象聲出於口，入於耳之形；或
作 ⿰（聽尊彝丁），象聲入耳之形，實即聲之古
文；或作 ⿰（曾伯霥匜），壬聲。《左傳》：'小
君聲姜'（文十七年），《公羊傳》作'聖姜'。
⿰象聲入耳，亦聽之義，故聽字古亦作聖，洹子
器：'聽命于天子'，聽作 ⿰。《說文》：'聽，
聆也。從耳悤，壬聲。'按 ⿰即 ⿰之變，從心，
則本義當爲聖哲之聖；出於口爲聲，入於耳爲聽，
因而通於心者，聖也。聖與聽相承互易其義。古但
作聖，井人鐘：'憲聖爽惠'，曾伯霥匜：'愬聖
元武'，師趛鼎：'聖姬'，齊侯鎛：'聖叔'、

---

[215] 《說文解字》頁 250。

[216] 《說文解字詁林》頁 5353b。

[217] 《甲骨文編》頁 466-467。

[218] 《金文編》頁 604。

'聖姜'，皆以聖爲之。"[219]李孝定《甲骨文字集釋》："⿰耳口從口耳會意，是耳得之而爲聲，……得聲之動作則爲聽，得聲官能之敏銳則爲聖。聖明，猶聰明耳，引申始有賢聖之義。聖字從人者，以聽主於耳，故於耳之字形特加人字，以爲強調，後人變爲壬，其音適與聽、聖諸字相近，遂謂從壬聲耳。此三字之衍化，當如下表：

⿰耳口——⿱⿰耳口人 聽覺之銳敏爲聖，故訓通---聖 ⿱⿰耳口人之繁文

口有所言，耳所以得之之道爲聽，故訓聆---聽 耳悳（得）之之道爲聽，壬聲。

——⿱殸⿰耳口 口有所言，或鼓磬之音，耳得之而爲聲，故訓音---聲 ⿱殸⿰耳口之簡化字[220]。」

馬敘倫《說文解字六書疏證》："倫按如今篆當是從聖省，悳聲，爲聖之轉注字。聖音審紐三等，古讀歸透，聽音透紐也；又悳從直得聲，直音澄紐，澄與審三同爲舌面發音，聖從呈或𡈼得聲，呈音亦澄紐，𡈼音則透紐也。"[221]林氏說 "聖與聽相承互

219 《說文解字詁林》頁 5353a。

220 《甲骨文字集釋》頁 2951-2952。

221 《說文解字六書疏證》卷 23 頁 38。

易其義”，未免有些臆測。馬氏說“聽”字“從聖
省，悳聲”，從文字的孳乳過程來說，頗有道理，
不過，“聽”字透紐耕部，“悳”字端紐職部，透、
端旁紐雙聲，耕、職的押韻關係卻並不太密切，因
此，“悳”會不會是“聽”的聲符，也不大容易確
定。李說則與《說文》的分析接近。

　　“泰”------《說文解字》十一篇上水部：“🀆，
滑也。從廾，從水，大聲。🀆，古文泰。”[222]段玉
裁《說文解字注》：“字從廾水，水在手中，下溜
甚利也。”[223]馬敘倫《說文解字六書疏證》：“古
文經傳中泰字作🀆，從大在🀆上，則泰當從大在🀆
上，從🀆、🀆扶之，猶可得滑義也。今篆從廾大在
水上，不必爲滑義也，若謂從廾水，大聲，尤非。
此蓋後起字”。[224]馬氏所推想出來的字形跟《說文
解字》所載的古文字形頗有出入，我們沒法在古文
字中替馬說找到佐證。

　　“勦”------《說文解字》十三篇下力部：“🀆，

---

[222] 《說文解字》頁 237。
[223] 《說文解字詁林》頁 5098a。
[224] 《說文解字六書疏證》卷 21 頁 128。

助也。從力，從非，慮聲。"[225] "從力從非"，小徐本作"從力非"，《段注》於"從力非"下說："力去其非也。"[226]馬敍倫《說文解字六書疏證》："倫按：《爾雅•釋詁》：'助，勴也'，不從非。且慮聲同魚類，則勴爲助之轉注字。本書無會意兼聲之字，亦無二字爲聲之字，且非亦不得比類合誼。非音非紐，慮從虍得聲，虍音曉紐；非、曉同爲次淸摩擦音。疑勴有重文作勈，傳寫誤并之也。"[227]

"非"字幫紐微部，"勴"、"勴"、"慮"竝來紐魚部，聲韻俱隔，馬說似不能成立。不過，《說文》"勴"字訓"助"，而從力從非，似乎有點費解；《段注》"力去其非"之說，也覺牽強，這個字實在不好解釋。

六

根據以上的研究，我們似乎不能夠完全否定多體形聲字的存在。我們承認，在大多數情況下，形聲字是以一形一聲的方式構成的；不過，一形一聲

---

[225] 《說文解字》頁 292。

[226] 《說文解字詁林》頁 6217a。

[227] 《說文解字六書疏證》卷 26 頁 107。

的方式是不是構成形聲字的唯一方式呢？例如
“藻”是水艸，“薸”是水藊荒，“藕”是芙蕖根，
古人爲這些水中的植物造字時，是不是只會想到它
們是植物，而不會同時也想到它們是水中的植物？
梁東漢說：“義符既然表示類屬或意義，類屬只能
是一種，意義也只能有一個，因此，義符就只能有
一個。”梁氏這種說法，固然有一定的道理，但會
不會低估了古人造字時的想像能力呢？在“藻”、
“薸”、“藕”這些字中，“艸”是主要義符，表
示它們屬於植物類，但由於它們是水中的植物，因
此而增加“水”這樣一個附加性的義符，也不是完
全沒有可能的。同樣地，“涅”是水中的黑土，“墋”
是泥塗，在“土”這主要義符外，再添“水”作爲
一個附加性的義符，也是有可能的。

　　“蓍”字在甲骨文中已是既從艸又從日，春艸
和春日都是春天的主要象徵，因此，造字時同時想
起艸和日是很自然的。如果把“蓍”字分析成二形
一聲，我們很難說那個是主要義符，那個是附加性
義符，它的情形跟上述“藻”、“薸”、“藕”、
“涅”、“墋”等字不完全一樣。

　　古人既然懂得造 字那樣複雜的一個會意字
[228]，如果說他們一定不懂得在會意的基礎上同時注
上聲符來標音，那會不會是低估了古人的頭腦呢？
而且像 "竈" 字那些比較複雜，似乎需要用多體形
聲結構來分析的字又怎樣解釋呢？

　　我覺得形聲字有一個以上的義符是比較容易接
受的，但如果有一個以上的音符，則比較費解，正
如梁東漢說："音符是表示讀音的，同一個字就不
應該有兩個音符。" 如果一個字被說成有兩個音
符，那應該是一個增加聲符的緟益字或複體形聲
字。事實上，沒有一個字一定要被解釋成造字時便
已經有兩個音符的。

　　馬敘倫、唐蘭、梁東漢等近代學者，認爲形聲
字的構成，僅容許一形一聲。他們這種看法，經我
們研究後，證實能夠成立的可能性不高。不錯，《說
文解字》的所謂二形一聲、三形一聲、一形二聲、
二形二聲、四形一聲的字，有不少是誤析的，但有

---

[228] 《說文解字》頁 60： "，齊謂之炊爨。臼象持甑，冂爲竈
口，卄推林內火。"

一部分卻很可能是多體形聲字，有一些更是不用多
體形聲結構去解釋便顯得扞格不通的。馬敘倫囿於
理論，硬要把所有多體形聲字說成一形一聲，於是
往往穿鑿附會。“多體形聲字”牽涉到古人造字時
的思維方法，是一個很有趣的問題，很值得繼續研
究下去，不過，我們最好不要給理論的框框桎梏住，
我們需要邁開闊步，開放地、實事求是地把問題加
以研究，只有這樣，才能找出事實的真相。

清代“說文家”通假說斠詮

　　清代“說文家”言通假者眾矣，錢大昕（1728-1804）《說文答問》、段玉裁（1735-1815）《說文解字注》、邵瑛（1739-?）《說文解字群經正字》、潘奕雋（1740-1830）《說文解字通正》、錢坫（1744-1806）《十經文字正通書》、李富孫（1764-1843）《說文辨字正俗》、朱珔（1769-1850）《說文假借義證》、嚴章福（?-?）《經典通用考》、孫經世（1783-1832）《說文假借考》、薛傳均（1788-1829）《說文答問疏證》、承培元（?-?）《廣說文答問疏證》、雷浚（1814-1893）《說文外編》、郭慶藩（1844-1896）《說文經字正誼》諸書，靡不殫心竭慮，索隱鉤沈，於經典文字之通假，一一窮原竟委。惟清代學者，多祖述說文，重規疊榘，尟所逾越。今觀上述諸書，固為文字之指歸，肆經之津筏，然亦有可商者，茲舉數例說明如下：

一、說祐右

《說文解字》一篇上示部：

祐、助也。從示，右聲。[1]

二篇上口部：

右、助也。從口從㕛。[2]

三篇下又部重出"右"字，說解云：

右、手口相助也。從㕛從口。[3]

案"祐"、"右"皆訓"助"，惟"祐"從"示"，故宗奉《說文》者，咸以"祐"爲"天助"、"神助"之正字。考經典有言"天助"而字作"右"者，如《詩·大雅·大明》六章："有命自天，命此文王。于周于京，纘女維莘。長字維行，篤生武王。

[1] 《說文解字詁林》（下簡稱《詁林》）頁 37a。

[2] 同上，頁 603b。

[3] 同上，頁 1230b。

保右命爾，燮伐大商。"《大雅・假樂》一章，"假樂君子，顯顯令德，宜民宜人，受祿于天。保右命之，自天申之。"《周頌・我將》："我將我享，維羊維牛。維天其右之"。"右"皆承"天"而言。故邵瑛謂當作"祐"，其《說文解字群經正字》"祐"下云：

> 按字從"示"，是爲神助之"祐"。……又作"右"，如《詩・大明》"保右命爾"、《假樂》"保右命之"、《我將》"維天其右之"之類。……"右"、又部："手口相助也。從又從口。"與神助之"祐"義異。神助義，正字當作"祐"。經典亦有作"祐"者，而坊本或亂之，不可不援《說文》以別白，而定一尊焉。[4]

其意以爲制字之初，即以"祐"爲"天助"，"右"爲"人助"，各有正字，截然不得相混，是邵氏不明文字孳亂之理也。說文解字三篇下又部："又，手也。象形。三指者，手之刌多，略不過三也。"[5] 手

---

[4] 《說文解字詁林》頁 37a。

[5] 同上，頁 1288b。《段注》："此即今之右字。不言又手者，本

之有助於人也至大，故"又"字孳乳爲"右"，訓
"助"。及"天"、"神"之觀念漸重，或加"示"
旁作"祐"以表"神助"義，此其先後遞嬗之跡
也。推原其始，未制"右"字，"祐"字之時，凡
"人手"、"人助"、"天助"，皆但作"又"字
耳。契文言"天助"者，亦多作"又"。"王受又"
一辭，卜辭屢見，如：

> 父己，彀，叀牛。王受又。（後 15.12）
> 其又（侑）長子，叀龜。王受又。（後 1.19.6）
> 至上甲，王受又。（續 1.2.6）
> 其又（侑）久且乙……王受又。（續 1.14.7）
> 且丁勺（礿）匘……王受又，（續 1.18.4）

王國維《戩壽堂所藏殷虛文字考釋》頁 3 云：

> 又、讀爲祐。王受又，猶言王受福矣。

羅振玉《增訂殷虛書契考釋》卷中頁 19 云：

兼又又而言：以又別之，而又專謂右。猶有古文《尚書》，而
後有今文《尚書》之名；有《後漢書》，而後有《前漢書》之
名。……"（《詁林》頁 1229a）

文曰"王受又"，即許書之"祐"，彼爲後
起字矣。

他若"受又"、"我受又"、"弗其受又"、"受
坐又"，"弗受坐又"、"不我其受坐又"諸辭，亦
屢見於祭告先王，及卜決征伐之文後。蓋商人征伐
之先，必祭先祖，以祈神助也。[6]茲臚列諸例如下：

今伐下旨，受又。（後 1.18.3）
伐夢方，受又。（林 2.14.13）
□□卜，㱿貞，王从望乘伐下危，受又。（粹
1113）
我受呂方又？（後 1.16.9；林 1.27.12；林 2.7.9）
貞戌受㳄方又。（粹 1123）
弗其受呂方又？（前 7.33.3）
伐夢方，受坐又。（前 4.44.6）
伐下旨，受坐又。（前 7.38.1）
伐印方，受坐又。（粹 1230）
王往伐呂，受坐又。（後 1.16.1；後 1.17.2）
王伐……土方，受坐又。（後 1.17.5；後 1.18.1）

---

[6] 參吳其昌《殷虛書契解詁》頁 254。(臺北：藝文印書館，1960)

今春，王𠂤人五千，正（征）土方，受里又。
（後 1.31.6）

伐呂方，受里又，（後 1.36.5；林 1.11.5；續 36.2；
續 3.7.6）

三命伐呂方，受里又。（續 3.7.3）

今春伐呂方，受里又。（林 2.11.13）

……𡆥呂方，弗受里又。（前 7.2.3）

正（征）呂方……不我其受里又。（後 1.16.2）

正（征）呂方、下旨……不我其受里又。（林
1.14.7）

亦有作"受𢆶"者，如：

正（征），王受𢆶。（前 1.20.7；前 1.22.2；
前 4.4.5；前 5.39.5；前 6.4.5；林 1.13.18）

正（征），今余受𢆶，王占曰：吉。（前 2.5.3）

王受𢆶。（前 5.17.3）

王國維以"𢆶"爲古"右"字，其說可從[7]。　由是

[7] 葉玉森《殷虛書契前編集釋》卷 1 頁 79a 云："王氏國維曰：
'《說文解字》"差"籀文從"二"作"𢀺"，此作"𢆶"，
以"差"例之，乃"左右"之"右"字。'……郭沫若氏曰：

觀之，用"右"爲"天助"義者，其由來也遠矣。清儒雖未見龜甲獸骨之文，然已有疑"祐"爲"右"之後起分別文者。《段注》"祐"下云：

　　古祇作"右"。[8]

'王氏以爲古"左"字必作"𠂇"，因以"ㄓ"爲古"右"字。余案"差"，許書訓貳，此即籀文從"二"之意，籀文"差"字仍以"ナ"爲"左"，非以"𠂇"爲"左"也。"王受ㄓ"者，當讀"王受有祐"，又作重文。'……森按：'王受又（祐）'三字爲卜辭習語，羅氏謂"ㄓ"爲"又"之異體，可信。郭氏讀"ㄓ"爲"又"之重文，考"又"之變體仍有作"又"（卷二第二十二葉之六）、作"又"（後上第十八葉之三），所從之"一"與"丨"似不類重文。又卜辭於重出之文，亦連書之如"丁丁"（後下第十三葉之二）、"𠰘𠰘"（《徵文·人名》第十版），"用用"（《藏龜》第三葉之四），"庆庆"（卷八第十葉之三）、"州州"（卷四第八葉之二）、"辰辰申申"（卷五第十六葉之三），胥是竝未作重文幖識，且"又又"二字，卜辭亦復連書，見《後編》卷上第七葉，何以'王受又（有）又（祐）'，誼且不同，必作重文幖識，而不連書之？他辭有云："王又ㄓ"（卷五第三十九葉之五）者，似不能讀爲'王有有祐'或'王又有祐'也。再本版共二辭，甲辭讀'王受祐'，乙辭讀'王受有祐'，讀法兩歧，恐無其事，郭氏之說，尚待商。"堯案：葉說是也。王國維以「ㄓ」爲古「右」字之說可從。

[8] 《詁林》頁37。

徐灝《說文解字注箋》云：

> "右"、"祐"古今字。[9]

王筠《說文句讀》云：

> 《永樂大典》中《玉篇》無"祐"字。《詩》
> "保右命之。"（堯案：《大雅・假樂》文）
> 衹作"右"。疑《說文》"祐"字亦後增。
> [10]

朱駿聲《說文通訓定聲》亦云：

> 據許書則凡助爲"右"，神助爲"祐"。其
> 實即"右"之變體，加"示"耳。[11]

是《詩經》言"天助"而字作"右"者，蓋用古體
耳。

---

[9] 《詁林》頁 37。
[10] 同上。
[11] 同上。

二、說⿱𠦒邑樊

《說文解字》六篇下邑部：

⿱𠦒邑、京兆杜陵鄉。從邑，樊聲。[12]

三篇上𠬜部：

樊、驇不行也。從𠬜，從棥，棥亦聲。[13]

堯案：《說文》凡國邑之名皆從“邑”。“鄯”、“竈”、“⿰契阝”、“邰”、“⿰如阝”、“邠”、“郿”、“郁”、“鄠”、“扈”、“⿰崩阝”、“耶”、“郝”、“酆”、“鄭”、“郃”、“叩”、“⿱𠦒邑”、“鄜”、“⿰屠阝”、“邮”、“⿰乖阝”、“邽”、“部”、“郖”、“鄏”、“鄿”、“⿰祭阝”、“邙”、“鄩”、“郗”、

---

[12] 《詁林》頁 2810b。

[13] 同上，頁 1137b。大徐本、小徐本作“鷙不行也”，《段注》改作“驇不行也”，並云：“驇、各本譌鷙。馬部曰：‘驇、馬重皃。’驇不行，沈滯不行也。”徐灝《說文解字注箋》云：“爻部：‘棥、藩也。’是爲棥籬本字。樊从𠬜，乃攀字也。樊、古重脣音，與攀同。”堯案：徐說近是。

“鄆”、“邶”、“邗”、“鄥”、“邵”、“鄋”、
“鄱”、“鄃”、“邲”、“郤”、“邽”、“鄌”、
“邼”、“鄭”、“邢”、“鄔”、“祁”、“鄴”、
“邢”、“邯”、“鄲”、“郇”、“鄃”、“鄗”、
“鄡”、“鄚”、“郅”、“鄧”、“鄦”、“邟”、
“邔”、“郟”、“鄄”、“郎”、“郎”、“郙”、
“郥”、“鄧”、“鄺”、“鄂”、“鄭”、“鄿”、
“鄭”、“鄄”、“邪”、“郢”、“鄂”、“鄄”、
“鄡”、“鄂”、“邔”、“邾”、“郞”、“郞”、
“郫”、“鄩”、“鄐”、“鄭”、“邡”、“鄠”、
“鄥”、“郇”、“邢”、“鄱”、“鄷”、“郴”、
“邦”、“鄾”、“鄭”、“邟”、“郈”、“邴”、
“邲”、“邱”、“鄋”、“鄑”、“郜”、“鄧”、
“邛”、“鄫”、“祁”、“郔”、“鄄”、“鄑”、
“鄒”、“郄”、“邿”、“耶”、“郕”、“郫”、
“鄻”、“郎”、“邳”、“郭”、“邗”、“鄯”、
“邱”、“郊”、“部”、“鄲”、“鄫”、“邪”、
“邦”、“郄”、“郭”、“郳”、“郭”、“鄆”、
“郇”、“郊”、“郕”、“鄰”、“邱”、“娜”、
“邜”、“邟”、“鄶”、“邽”、“鄹”、“郤”、
“邢”、“郭”、“炌”、“鄝”、“鄥”、“邨”、
“郜”、“郜”、“鄭”、“鄲”、“屾”、“鄭”、

"鄗"、"郚"、"鄪"、"酈"、"郻",凡一百
六十八字,皆爲地名,而字皆從"邑"[14]。 故邵瑛
《說文解字群經正字》"酆"下云:

> 按許君於地名多據《春秋》《左傳》,此獨不
> 然。然凡國邑從"邑",可例推也。今《春
> 秋》內外傳作"樊",《左》隱十一年傳:
> "溫原絺樊。"莊二十九年傳:"樊皮叛
> 王。"三十年傳:"虢公入樊。""執樊仲
> 皮。"僖二十五年傳:"晉侯次于陽樊"。
> 《國語·周語》:"以陽樊賜晉文公。"《晉
> 語》:"陽人有樊仲之官守。"此類皆是。
> 據《說文》當作"酆"。今作"樊",聲同
> 假借。[15]

案經典中地名不從"邑"者甚多,邵瑛皆謂《說文》
從"邑"者爲正字。如《說文》"酆"字,經典多
作"豐"。邵瑛云:

> 今經典多作"豐",如《書·召誥》"則至

---

[14] 《詁林》頁 2794a 至 2882a。
[15] 同上,頁 2811a。

于豐”、《畢命》“至于豐”、《詩·文王有
聲》“作邑于豐”、“維豐之垣”之類，皆
省筆假借。……正字當作“豔”，隸作
“酆”。《五經文字》作“酆”，阝部云：“酆，
芳弓反。周文王所都。”獨存此義於阝部，
則知《詩》、《書》舊本古亦多作“酆”也。
[16]

又《說文》“鄏”字，《詩·韓奕》作“屠”，邵瑛
云：

今《詩》作“屠”，《韓奕》：“出宿於屠。”
王應麟《詩地理考》亦引此《說文》云：“今
同州。”又引潏水李氏曰：“同州鄏谷。”
正字當作“鄏”。[17]

又《說文》“鄐”字，經典作“祭”，邵瑛云：

《春秋》隱元年：“祭伯來。”僖二十四年
傳：“凡蔣邢茅胙祭。”昭十二年傳：“祭

---

[16] 《詁林》頁 2807b 至 2808a。

[17] 同上，頁 2812a。

公謀父。"正字當作"鄹"。杜云："祭國，伯爵。周公第五子所封，地在東周畿內。"[18]

又《說文》"邵"字，經典多作"召"，邵瑛云：

今經典《左》襄二十三年傳："晉邑郫邵。"作邵。其他"召南"、"召公"、"召伯"俱作"召"。然《釋文》多載異本作"邵"，如《書·武成·傳》："周、召之徒。"《釋文》："召，本又作邵。"《詩·序》："繫之召公。"《釋文》："召，本亦作邵。"……又《書》"召公"，《逸周書·和寤解》作"邵公"。則古本多作"邵"也。《說文》凡地名之字多从"邑"，則凡地名之"邵"，亦當从"邑"。《五經文字》亦以"邵"列爲正字，云："邵，地名，'召公'字，經典多作'召'。"則張參之意，亦以"召"非正字也。[19]

---

[18] 《詁林》頁 2815b。
[19] 同上，頁 2820b 至 2821a。

又《說文》"鄎"字，經典多作"息"，邵瑛云：

> 今《春秋傳》俱作"息"，見隱十一年、莊
> 十年、十四年、僖十五年、二十五年、文三
> 年、十年、十八年、宣四年、成六年、襄二
> 十六年、定四年、哀十七年等傳，皆假借字
> 也，正字當作"鄎"。《左》莊十年傳："息
> 嬀"，《隋書·列女傳》作"鄎嬀"。《左》
> 隱十一年傳："鄭息有違言。"陸氏《釋文》：
> "本作鄎。"亦其證也。[20]

又《說文》"䣜"字，經典多作"巢"。邵瑛云：

> 許所云云，未考其地，而《春秋》有巢國，
> 文十二年："楚人圍巢。"杜注："巢，吳
> 楚間小國，廬江六縣東北有居巢城。"按居
> 巢、謹縣，《地理志》屬廬江郡。應劭注引
> "楚人圍巢"："巢，國也。"是也。字亦
> 作"䣜"，《項籍傳》云："居䣜人范增。"
> 《史記·項羽紀》同。師古注："居䣜，縣

---

[20] 《詁林》頁 2835b。

名。"竝引《地理志》及《春秋書》。《索隱》
又云："是故巢國，夏桀所奔。"則居巢古
作居鄛，而凡巢國古原作"鄛"也。從此類
推，《左》成七年傳："吳始伐楚伐巢"。
十七年傳："舒庸以楚師之敗，道吳人圍
巢。"襄二十五年傳："吳子諸樊伐楚，門
於巢。"三十一年傳："巢隕諸樊。"昭四
年傳："薳啓疆城巢。"五年傳："楚使沈
尹射待命於巢。"二十四年："吳滅巢。"
二十五年傳："楚使熊相禖郭巢。"又《書‧
序》："巢伯來朝。" "芮伯作旅巢命。"
《仲虺之誥》："成湯放桀於南巢。"此類
竝當作"鄛"也。[21]

又《說文》"鄘"字，經典作"庸"，邵瑛云：

《書‧牧誓》："及庸蜀羌髳。"孔傳："庸
濮，在江漢之南。"孔疏："皆西南夷也。"
《春秋》文十六年："楚人、秦人、巴人滅
庸。"杜注："今上庸縣，屬楚之小國。"

[21]《詁林》頁 2838b。

當作此"郎"字。[22]

又《說文》"郔"字，經典作"奄"，邵瑛云：

> 今經典作"奄"，《書·多士》"昔朕來自
> 奄"、《左》昭元年傳"商有徐奄"、昭九
> 年傳"蒲姑商奄"、定四年傳"因商奄之
> 民"、《孟子·滕文公》"誅紂伐奄"之類
> 是也。據《說文》，正字當作"郔"，今作
> "奄"。《說文·大部》："奄、覆也，大有
> 餘也。又欠也。从大从申，申，展也。"《玉
> 篇》、《廣韻》"郔"、"奄"亦分別訓釋，
> 不相參雜。以"奄"爲國名，此省文假借，
> 經典類多有之，字書不然也。[23]

又《說文》"郈"字，經典或作"后"，邵瑛云：

> 《左》昭二十五年傳："郈魴假。"……是
> 其字也。然有作"厚"者，《左》襄十四年
> 傳："厚成叔"，"厚孫。"又有作"后"

---

[22] 《詁林》頁 2844。

[23] 同上，頁 2861b。

者，《禮記‧檀弓》：“后木。”鄭注：“后木，魯孝公子惠伯鞏之後。”《文選‧嵇叔夜幽憤詩‧李善注》引《左傳》“后成叔”。“厚”、“后”，俱从“邑”字之省變。[24]

又《說文》“鄼”字，經典或作“巂”，邵瑛云：

> 按“鄼”，《左傳》屢見，如僖二十六年：“公追齊師至巂。”二十八年傳：“楚師背鄼而舍。”並作“鄼”。《公羊》、《穀梁》《春秋》經作“巂”，乃“鄼”之省。《釋文》：“巂、戶圭反，音攜”，是也。[25]

又《說文》“鄾”字，經典作“燕”，邵瑛云：

> 詳許君邑部大例，此字蓋即燕國之“燕”。經典如《詩‧韓奕》：“燕師所完。”《左》隱五年傳：“衛人以燕師伐鄭。”桓十二年：“燕人。”襄二十九年：“齊高止出奔北燕。”《國語‧齊語》：“以燕爲主。”此

[24] 《詁林》頁 2866a。

[25] 同上，頁 2867a。

類竝當作此"鄴"字。蓋"燕",《說文》
祇以爲"元鳥（堯案：當作玄鳥），籲口，
布狨，枝尾，象形"，見部首。故地名之"燕"
必從"邑"。[26]

又《說文》"邱"字，經典作"丘"。邵瑛云：

今經典凡地名俱作"丘"，如帝丘、營丘、
商丘、楚丘、靈丘、葵丘、陶丘、瑕丘、頓
丘、畝丘、宗丘、旄丘、阿丘之類。據《說
文》，當作"邱"。其作"丘"者，乃"丘
陵"、"丘隰"、"丘壟"也。今混用無別。
[27]

又《說文》"鄘"字，經典作"甫"，邵瑛云：

今經典省作"甫"，如《詩·揚之水》："不
與我戍甫。"《崧高》："維申及甫。"……
"甫"，據《說文》當作"鄘"，今廢"鄘"

---

[26] 《詁林》頁 2875。

[27] 同上，頁 2875b。

字不用，故統作"甫"。[28]

是邵氏以為制字之初，先有從"邑"之"酇"、
"酆"、"郿"、"郯"、"邵"、"郎"、"鄭"、
"廊"、"郫"、"邱"、"鄳"、"鄰"、"邱"、
"郿"，然後經典或同音假借，或去形存聲，始作
不從"邑"之"樊"、"豐"、"屠"、"祭"、
"召"、"息"、"巢"、"庸"、"奄"、"后"、
"崤"、"燕"、"丘"、"甫"，是邵氏不明文
字孳乳之理也。夫地名本無以制字，唯有假借同音
字為之；其後形聲字作，始加"邑"旁，以明其為
國邑之名。故古文字地名不從"邑"者甚夥，如《說
文》"酆"字，甲文作𝌆 [29]，不從"邑"：

　　癸未卜，王在豐貞：旬亡𡆥，在六月。（後
　　上 10.9）
　　癸未卜，永貞：旬亡𡆥。七日己丑，岕爻化，
　　乎告曰：呂方𠃊于我酉（旬）豐，七月。（漢
　　城大學博物館藏巨胛骨）

---

[28] 《詁林》頁 2881b。
[29] 參後上.10.9。

金文作🔣[30]，亦不從“邑”：

> 同公才（在）豐。（宅𣪘）
> 公大史在豐。（作冊魋卣）
> 隹三年，四月，庚午，王在豐。（癲鼎）

又《說文》“鄭”字，甲文作🔣[31]，不從“邑”：

> 丙辰卜，在奠貞：今日王步于先，亡𣥻。（前
> 2.15.2）
> □□□在奠，王田自東，往來亡𣥻，幽𠃊獲鹿
> 六狐十。（前 4.36.3）

金文作🔣[32]，亦不從“邑”：

> 奠義白（伯）乍季姜𤮺匜，用。（鄭義伯匜）
> 奠𦎫弔（叔）乍旅盨。（鄭登叔盨）
> 奠戚（戎）句父自乍飤𤭖。（鄭戚句父鼎）
> 奠虢仲乍寶𣪘。（鄭虢仲𣪘）

---

[30] 參《金文編》頁 354。

[31] 參前 2.15.2。

[32] 參《金文編》頁 354。

奠白（伯）大嗣工召弔（叔）山父乍旅臣簋。
（召叔山父簋）
奠大內史弔（叔）上乍弔（叔）娟躲（媵）
盅（匜）。（叔上匜）
奠槑弔（叔）賓父乍（作）醴壺。（鄭槑叔
賓父壺）
奠同媿乍旅鼎。（鄭同媿鼎）

又《說文》"邢"字，甲文作井[33]，不從"邑"：

癸卯卜，方貞：井方于唐宗彘。（後上 18.5）
方至井方。（燕 624）
己巳貞：執井方。（粹 1163）
井……从沚或（下 3.9.6）

金文作井[34]，亦不從"邑"：

井人妄曰："覲盅(淑）文且（祖）皇考，克
誓（哲）氒德，賣屯（渾沌）用魯，永多（終）
于吉。……"（井人妄鐘）

---

33 參後上 18.5。
34 參《金文編》頁 355。

蕢井𡩿𩔉。（井𡩿𣪘）

又《說文》“戠”字，甲骨文作𣄰[35]，不從“邑”：

之日允𢦏𢦏方。（乙 4069）
允既𢦏𢦏方。（乙 4701）
𡥀𢦏𢦏方。（乙 2503）

金文𢦏弔鼎作𢨇，亦不從“邑”：

隹八月初吉，庚申，𢦏弔(叔)𤔔自乍饎鼎。（𢦏
弔鼎）。[36]

又《說文》“郕”字，甲骨文作𣄰[37]，亦不從“邑”：

雀𢦏祭──雀弗其𢦏祭。(乙 5317)
雀𢦏祭方。(誠明 30)

---

[35] 參乙 2503。

[36] 《金文編》作“𢦏弔鼎”，《兩周金文大系圖錄考釋》作“𢦏
叔𤔔鼎”。

[37] 參乙 5317。

又《說文》"鄒"字，金文無叀簋作▢，盠姬鬲作
▢[38]，並不從"邑"：

　　　　王易（錫）無叀馬三匹，無叀拜手頴首曰：
　　　　"敢對颺天子魯休令（命）。」無叀用乍　躲
　　　　皇且（祖）釐季隥段，無叀其萬季子孫永寶
　　　　用。"（無叀段）
　　　　盠姬乍姜虎旅鬲。（盠姬鬲）

又《說文》"鄧"字，金文鄧公段作▢[39]，鄧孟壺乍
▢[40]，並不從"邑"：

　　　　曻孟作監晏（嫚）隥壺。（鄧孟壺）
　　　　隹曻八月初吉，白（伯）氏始（姒）氏乍鬵
　　　　嫚臭躲（媵）貞（鼎）。（鄧伯氏鼎）
　　　　隹𡄒九月初吉，不故屯夫人白(始）乍（逤）
　　　　𡄒公，用爲屯夫人隥誃段。（鄧公段）

又《說文》"邾"字，金文邾公牼鐘、邾公華鐘、

---

[38] 參《金文編》頁 355。
[39] 同上，頁 356。
[40] 參《兩周金文辭大系圖錄》頁 191a。

郑君鐘、郑大宰鐘、郑大宰簠、郑友父鬲、郑佝御戎鼎、郑討鼎諸器並作𨜓[41]，不從"邑"：

> 𪓑公牼釋乓吉金，玄鏐膚（鑪）呂（鑢），自乍龢鐘。（郑公牼鐘）
>
> 𪓑公華釋乓吉金，玄鏐赤鏽（鑪），用盥（鑄）乓𪓑鐘。（郑公華鐘）
>
> 𪓑君求吉金，用自乍其龢鐘□鈴（鈴）。（郑君鐘）
>
> 𪓑大宰欉子𧫒盥其餘臣(簠)。（郑大宰蓋）
>
> 𪓑晉父躲(媵)其子匆孁（曹）寶鬲。（郑友父鬲）
>
> 𪓑白（伯）御戎乍媵姬寶鼎（鼎）。（郑伯御戎鼎）
>
> 𪓑討爲其鼎。（郑討鼎）

又《說文》"鄐"字，鄐姒鬲作𧯦[42]，不從"邑"：

> 會娟（似）乍朕鬲。（鄐姒鬲）

---

[41] 參《金文編》頁 356 及《兩周金文辭大系圖錄》頁 213a 至 222a。

[42] 參《金文編》頁 356。

又《說文》"邦"字，邦季故公殷作 🌿 [43]，不從"邑"：

　　　寺季故公乍竈殷。（邾季故公殷）

又《說文》"郊"字，令殷作 🌿 [44]，不從"邑"：

　　　隹王于伐楚白（伯），才（在）炎。（令殷）

又《說文》"鄫"字，金文作 🏺 [45]，不從"邑"：

　　　聖趄之夫人曾姬無卹。（曾姬無卹壺）
　　　曾白霥愍（愁）聖元武……曾白霥段（胡）不
　　　黃耇儥（萬）年。（曾伯霥簠）
　　　隹曾白陭迺用吉金鑄鑒，用自乍醴壺。（曾伯
　　　陭壺）

---

[43] 參《兩周金文辭大系圖錄》頁 222b 及《金文編》頁 357。《兩
　　　周金文辭大系圖錄》作邾季故公殷，《金文編》作邾季簠，殆
　　　同一器也。

[44] 參《兩周金文辭大系圖錄》頁 2a 及《金文編》頁 358。《兩周
　　　金文辭大系圖錄》作令殷，《金文編》作令簠。

[45] 參《金文編》頁 358 及《兩周金文辭大系圖錄》頁 181b，又
　　　頁 207a 至 211b。

曾子㝵自乍行器。(曾子㝵簠)

曾子遱之行匜(簠)。(曾子遱簠)

曾子□自乍飤匜。(曾子□簠)

曾子中(仲)宣 用其吉金，自乍寶貞（鼎）。（曾子仲宣鼎）

曾大保鼌弔（叔）亟用其吉金，自乍旅盆。（曾大保盆）

上述諸例，可證地名本多無本字之假借，從"邑"者乃後起之分別文也。

三 說㝁㝁

說文解字七篇下穴部：

㝁（隸變作㝁），深也[46]。一曰：竈㝁[47]。从穴，

---

[46] 張文虎《舒藝室隨筆》："深、疑探之譌。探與禫聲近，故云'讀若三年導服之導'，蓋㝁即古探字。"（見《詁林》頁 3279）楊樹達《積微居小學述林》頁 195 亦云："按字从穴，从又，从火，謂人手持火於穴中有所求，實探之初字也。"堯案："深"、"探"古音同屬侵部，《廣韻》分入侵、覃二韻者，蓋後起之衍化。小徐本"㝁"下有"讀若《禮》'三年導服'

从火，从求省。[48]

之‘導’”一語，竝云：“古無禫字，借導字爲之，故曰‘三年導服’。”（參《詁林》頁 3277）張文虎據此而謂“窔”即古“探”字，蓋昧於古音也。又深淺義“從又持火在穴下會意”（參徐灝《說文解字注箋》，《詁林》頁 3278），故“从穴，从又，从火”。《說文》十二篇上手部：“探、遠取之也。从手，罙聲”《段注》：“探之言深也。”（竝見《詁林》頁 5465）正以其深，故探之也。“罙聲”者，諧聲兼會意者也。惟“窔”下當作“深也”，此以今字釋古字也。《詩·殷武》：“罙入其阻。”傳云：“罙，深也。”許君所訓，蓋本《毛傳》。

[47] 小徐本作“竈窔”。惟大徐本及馬本竝作“竈突”，《玉篇》、《廣韻》亦然。段玉裁《說文解字注》云：“《廣雅》：‘竈窻謂之埃。’《呂氏春秋》云：‘竈突決，則火上焚棟。’蓋竈上突起，以出烟火，今人謂之煙囪，即《廣雅》之竈窻。今人高之出屋上，畏其焚棟也。以其顛言謂之突，以其中深曲通火言謂之窔。《廣雅》：‘突下謂之窔’今本正奪窔字耳。”（見《詁林》頁 3277b）堯案：據段說，則此當云“一曰：竈突之下曰窔”。惟“突”下說解云：“犬從穴中暫出也”，而無“竈突”一義，則此“一曰：竈突”四字，或當隸“突”篆下。

[48] 小徐本作“求省聲”。堯案：上古“求”屬幽類，“窔”屬侵部，音理遠隔，故“求省”非聲。徐灝《說文解字注箋》云：“‘从求省’無義，《繫傳》作‘省聲’亦非，蓋‘从又持火在穴下’會意，《玉篇》正作又可證。”（見《詁林》頁 3278a）孔廣居《說文疑疑》亦云：“穴湥則暗，故从又持火照穴中以會湥意。”（見《詁林》頁 3278b）

十一篇上水部：

> 潨（隸變作深），水，出桂陽南平，西入營
> 道。从水，罙聲。[49]

堯案：桂陽郡南平、零陵郡營道二志所載，與《說
文》同。[50]《水經》："深水，出桂陽盧聚，西北過
零陵營道縣南，又西北過營浦縣南，又西北過泉陵
縣西北七里，至燕室，邪入于湘。"酈道元注云：
"呂忱曰："深水，一名邃水，導源盧溪，西入營
水，亂流營波，同注湘津。'" [51] 是"深"固爲
水名矣，然清人謂"深"無"深淺"一義則非也。
邵瑛《說文解字群經正字》云：

> 按據《說文》，"罙"爲"罙淺"之罙，"潨"
> 爲潨水，《水經》所謂"深水，出桂陽盧聚，
> 西北過零陵營道縣南，又西北過營浦縣南，
> 又西北過泉陵縣西北，七里至燕室，邪入于

---

[49] "潨"字說解，見《詁林》頁 4867a。

[50] 參段玉裁《說文解字注》及王筠《說文句讀》（竝見《詁林》
頁 4867b）。

[51] 參《水經注》卷 39 頁 3b 至頁 4a。《四部叢刊》本。

　　　　　湘"是也。經典止有"突"字義，無"濬"
　　　　　字義，而今經典卻止有"濬"無"突"，則
　　　　　"突"字廢不用，凡義爲"突"字者、統行
　　　　　"濬"字也。[52]

清人持此論者甚夥[53]，其失也偏。"突"、"濬"古
今字，"突"言穴之濬淺，"濬"言水之濬淺也。
水部言濬淺之字眾矣，如：

　　　　　洦、淺水也。[54]
　　　　　潚、深清也。[55]
　　　　　浬（隸變作汪）、深廣也。……[56]
　　　　　㴷、清深也。[57]
　　　　　泓、下深皃。[58]
　　　　　測、深所至也。[59]

---

[52] 見《詁林》頁 3279b。
[53] 參《詁林》頁 3277b 至 3279b。
[54] 《詁林》頁 4933b。
[55] 同上，頁 4947a。
[56] 同上，頁 4953a。
[57] 同上，頁 4953b。
[58] 同上，頁 4967a。
[59] 同上，頁 4968a。

灂、深也。……[60]
潯、旁深也。[61]
淺、不深也。[62]
洼、深池也。[63]

上述諸字言水之深淺而皆從水，若謂獨"淺"字不
從水，無是理也。又《說文》說解諸"湥淺"字並
作"湥"，更可証"湥淺"爲"湥"之一誼。《段注》
"湥"下云：

　　按此無"深淺"一訓者，許意"深淺"字當
　　作"突"。[64]

惟於"淺"下則云：

　　許於"深"下但云"水名"，不云"不
　　淺"；而"測"下、"淺"下、"突"下可

---

[60] 《詁林》頁 4978b。
[61] 同上，頁 4981b。
[62] 同上，頁 4987b。
[63] 同上，頁 5003a。
[64] 同上，頁 4867b。

以補足其義，是亦一例。[65]

是段氏自相矛盾也。朱駿聲《說文通訓定聲》云：

> 《說文》"突"篆下："突、深也。"此必
> 非水名之"深"，則爲"深淺"之"深"
> 知，而"深淺"爲"深"之一義亦可知，文
> 脫耳。[66]

其說勝於段氏。是"深"爲"突"之後起分別文。

四　說枓斗

《說文解字》六篇上木部：

> 枓、勺也。從木，斗聲。[67]

---

[65] 《詁林》頁 4987b。

[66] 同上，頁 4867b。

[67] 《詁林》頁 2552a。大徐本作"从斗"，今依小徐本作"斗聲"。
又大徐本"之庾切"一音，段注云："之庾切，音之轉也。
古當口切。"

又十四篇上斗部：

斗（篆作戽）、十升也。象形，有柄。[68]

清儒多以爲"枓"、"斗"異字，《段注》"枓"下云：

"勺"下曰："所以挹取也。"與此義相足。凡"升斗"字作"斗"，"枓勺"字作"枓"，本不相謀；而古音同"當口切"，故"枓"多以"斗"爲之。《小雅》："維北有斗，西柄之揭。"《大雅》："酌以大斗。"皆以"斗"爲"枓"也。《考工記·注》曰："勺、尊斗也。尊斗者，謂挹取於尊之勺。"《士冠禮·注》亦曰："勺、尊斗也，所以斟酒也。"此等本皆假"斗"爲"枓"，而俗本譌爲"尊升"，遂不可通。《少宰·注》曰："凡設水用罍，沃盥用枓。"此則用本字。[69]

---

[68] 《詁林》頁 6381a。
[69] 同上，頁 2552b。

邵瑛《說文解字群經正字》"枓"下亦云：

> 《周禮・鬯人》："大喪之大渳設斗。"《詩・
> 大東》："維北有斗。"《行葦》："酌以大
> 斗。"《大戴記・保傅篇》："太宰持斗而
> 御戶右。"即此"枓"字。《詩・行葦・釋
> 文》："斗，字又作枓。"不知"枓"實正
> 字也。[70]

堯案："斗"、"枓"古今字。"斗"字甲文作�斗(甲
3249)、𣁬(乙 8514)，金文作𣁬（秦公𣪊）、𣁬(眉脒
鼎)，皆象有柄之器，即《說文》"枓"字義也。《史
記・趙世家》："使廚人操銅枓以食代王及從者，
行斟，陰令宰人各以枓擊殺代王。"《正義》："枓、
音斗，其形方，有柄，取斟水器。"[71] 又《玉篇》
云："枓、有柄，形如北斗星，用以斟酌也。"[72] 可
知"枓"亦有柄之器，與"斗"無異，蓋"斗"之
後起字也。"斗"之爲用，本是斟水，後或用爲量
器，又定其量爲十升，故亦爲量之單位名，即《說

---

[70] 《詁林》頁 2552b。

[71] 見《史記》（香港：中華書局，1969）頁 1793 至 1794。

[72] 見《玉篇》卷 16 頁 3b，《四部叢刊》本。

文》之訓也。及"斗"爲後起義所嫥，遂別制"枓"
字以爲斟水器名。惟斟水器非必以木爲之，《史記·
趙世家》之"銅枓"，即其例外，"枓"字之形體，
容有未安。徐灝《說文解字注箋》以爲此字"實漢
時俗體"[73]，　馬敘倫《說文解字六書疏証》亦謂
"枓"字"蓋出字林"[74]，非無因也。又斗部諸字：

> 斝、玉爵也。[75]
> 魁、羹斗也。[76]

並挹取之器。又：

> 斡、蠡柄也。[77]

七篇下瓠部："瓢、蠡也。"[78] 是"蠡"爲水斗之
類，亦挹取之器也。又：

---

[73] 見《詁林》頁 2552b。
[74] 馬敘倫《說文解字六書疏證》卷 11 頁 93。
[75] 《詁林》頁 6382b。
[76] 同上，頁 6386b。
[77] 同上，頁 6385b。
[78] 同上，頁 3206a。

斠。勺也。[79]

斜、杼也。[80]

斡、挹也。[81]

斄、杼滿也。[82]

皆挹取之事。上列七字皆從"斗"，則"斗"亦爲挹取之器，可無疑矣。"科"訓"勺"，"勺"訓"挹取"，則"斗"、"科"塙爲古今字矣。然《段注》"魁、羹斗也"下仍謂"斗，當作科"[83]，其固執許說也甚矣。

五、說叚假

《說文解字》三篇下又部：

叚、借也。闕。……𠬶、古文叚。𡰥、譚長說

---

[79] 《詁林》頁 6387b。

[80] 同上，頁 6388a。

[81] 同上，頁 6388b。

[82] 同上，頁 6389b。

[83] 同上，頁 6386b。

叚如此。[84]

八篇上人部：

　　假、非真也。从人，叚聲。[85]

今經典凡"叚借"字皆作"假"[86]。清人眾說紛紜，
或謂經典以"假"爲"叚"[87]，或謂"叚"、"假"
古今字[88]。段玉裁爲樸學大家，於此亦無定論。《段
注》"叚"下云：

　　人部"假"云："非真也。"此"叚"云：
　　"借也。"然則凡云"假借"當作此字。[89]

---

[84] 《詁林》頁 1255b。

[85] 同上，頁 3550a。

[86] 參邵瑛《說文解字羣經正字》，《詁林》頁 1256b。

[87] 錢坫《說文解字斠詮》及李富孫《說文辨字正俗》，俱以爲
　　 "叚"、"假"異字。說見《詁林》頁 1256a。

[88] 徐灝《說文解字注箋》、王筠《說文句讀》、邵瑛《說文解字
　　 羣經正字》，皆謂"叚"、"假"古今字。說見《詁林》頁 1255b
　　 至 1256。

[89] 見《詁林》頁 1255b。

惟段氏又於"假"下云：

> 又部曰："叚、借也。"然則"假"與"叚"
> 義略同。六書：六曰假借。謂本無其字，依
> 聲託事也。[90]

堯案："叚"、"假"當爲古今字。金文"叚"字作
𢎥(曾伯簠)、𢎥(袁盤)、𢎥 𢎥(師袁敦)、𢎥(禹鼎)、𢎥 𢎥(曾
伯陭壺)、𢎥(蠡方彝)諸形[91]，　本義不詳。"叚借"
爲其借義，蓋"真假"、"叚借"爲抽象概念，無
由以制字也。清人不解是理，妄釋字形，以附會說
文訓"叚"爲"借"之誼，蓋失諸鑿。[92]《說文》"叚"
訓"借"，"假"訓"非真"，"借"即"非真"，

---

[90] 見《詁林》頁 3550b。

[91] 參《金文編》頁 149。

[92] 清人附會之說有三：（一）許域《讀說文雜識》："案此字從
皮從二。古者以皮爲幣，二皮則餘可叚也。"（二）戚學標《說
文補考》云："叚……從又，從コ，從尸。闕。按尸、古仁字；
コ從牛口；又、手也。以力假仁，此其義也。"（三）孔廣居
《說文疑疑》："叚從尸，從又，從二。尸即𢎥，足也；又、手
也。足反在上，手反在下，是借足爲手，借手爲足也。……
借者與所借者爲二……故叚從二。"案三說皆與古字形不合。
（許、戚二說，見《詁林》頁 1256a；孔說見《詁林》頁 3551b。）

故"叚"、"假"本一字。清儒已知"叚"、"假"
爲古今字，惜未能證其說。今考《說文·人部》，
後起字頗夥，是古之絫增字，往往加"人"旁。
"假"即爲"叚"之絫增字也。茲舉人部絫增字如
下：

1.　巽→僎：五篇上丌部："巽、具也。"[93] 增"人"
　　旁作"僎"，亦訓"具"。[94] "僎"即"巽"之
　　絫增字。[95]

2.　覍→傋：五篇上丂部："覍……或曰：覍、俠
　　也。三輔謂輕財者爲覍。"[96]案《史記·季布
　　傳》："爲氣任俠。"《集解》亦訓俠爲覍。
　　"覍"字加"人"旁作"傋"，亦訓"俠"。[97]
　　"傋"即"覍"之絫增字[98]。

---

[93]　《詁林》頁 2010a。

[94]　同上，頁 3480b。

[95]　參朱駿聲《說文通訓定聲》，《詁林》頁 3480b。

[96]　《詁林》頁 2047a。

[97]　同上，頁 3541a。

[98]　參段玉裁《說文解字注》(《詁林》頁 3541a) 及徐灝《說文解
　　字注箋》(《詁林》頁 2047a)。

3.　賣→儥：六篇下貝部："賣、衒也。"[99]增"人"旁作"儥"，訓"賣"。[100]"儥"即"賣"之絫增字。[101]

4.　辻→徥：二篇上止部："辻、疾也。"[102]《段注》"辻"下云："凡便捷之字當用此。"[103]加"人"旁作"徥"，訓"伎"。[104]伎、便利也。[105]堯案"徥"訓"伎"，亦猶今之"便捷"字矣。《廣雅‧釋詁一》："徥、疾也"直與《說文》"辻"字訓同。知"徥"爲"辻"之絫增字。[106]

[99]　《詁林》頁 2776a。

[100]　參《詁林》頁 3554。大徐本作"儥、賣也。"王筠《說文句讀》云："賣也者，字當作賣。"堯案：王說是。

[101]　參王筠《說文句讀》，《詁林》頁 3554b。

[102]　《詁林》頁 711b。

[103]　同上。

[104]　同上，頁 3538a。

[105]　同上，頁 3537a。

[106]　參王筠《說文釋例》，《詁林》頁 3538a。

5.   安→侒：七篇下宀部："安、靜也。"[107] 加"人"
     旁作"侒"，訓"宴"[108]。堯案：《說文》"宴"
     訓"安"，[109] 則"侒"與"安"音義皆同，
     "侒"實"安"之絫增字。[110]

6.   坒→徥：十三篇下土部："坒，止也。……坐、
     古文坒。"[111] 增"人"旁作"徥"，訓"安"。
     [112] 堯案："安"者，"止"之引申義。故徐灝
     《說文解字注箋》云："坐、古文作坐，篆文
     作坒，從土，從畾省，其義未顯，故加人旁。"
     [113] 王筠《說文句讀》亦云："徥即坒之絫增字。"
     [114]

---

[107] 《詁林》頁 3229a。《段注》"靜"作"靖"，云："靖、各
     本作靜，今正。立部曰：'靖者、亭安也。'與此爲轉注。
     青部：'靜者、審也。'非其義。"

[108] 《詁林》頁 3539b。

[109] 同上，頁 3230b。

[110] 參段玉裁《說文解字注》（《詁林》頁 3539b）及王筠《說文
     句讀》（《詁林》頁 3540a）。

[111] 《詁林》頁 6121b。

[112] 同上，頁 3544b。

[113] 同上。

[114] 同上。

上列諸證，皆與"叚"增"人"旁作"假"同例，況"真"、"假"對言，始於漢初，漢以前但曰"實"、"僞"而已。[115] 是故"假"訓"非真"，恐亦非先秦語，"假"直是"叚"之絫增字。

六　說尋得

《說文解字》八篇下見部：

> 尋(隸變作尋)，取也。从見，从寸。寸、度之，亦手也。[116]

---

[115] 桂馥《說文義證》："古無言真假者，但曰實曰僞。襄十八年《左傳》：'使乘車者左實右僞。'是也。本書真字亦不言假之對。自漢高祖謂韓信'大丈夫定諸侯，即爲真王耳，何以假爲。'劉歆說《書》以古文'嘉禾假王莅政'，王莽因稱假皇帝，後竟即真，遂有真假之對偁。本書所謂非真者，當作叚字。叚、借也。漢假司馬之類，唐謂之借職是也。"（見《詁林》頁 3551a）

[116] 《詁林》頁 3846b。大徐本"尋"下案語云："案彳部作古文'得'字，此重出。"惟鈕樹玉《說文解字校錄》則云："按見部當有'尋'，彳部之古文，疑後人增。"桂馥《說文義證》亦云："本書'得'、'尋'義別，疑此古文後人加之。"故嚴章福《說文校議》議刪"得"下之古文。（徐、

案“尋”字又見於彳部，爲“得”字古文。《說文解字》二篇下彳部：

> 得(隸變作得)，行有所得也。從彳，㝵聲。尋、古文省彳。[117]

清人多以經典之“得”爲“尋”之假借，如嚴章福《說文校議》云：

> 經典凡“尋”字皆借“得”爲之，非“得”與“尋”重文也。[118]

鈕二說，見《詁林》頁 3846b；桂、嚴二說，見《詁林》頁 826b。）
堯案：觀乎甲文、金文，“得”實爲“㝵”之後起字，而“从見”則爲“从貝”之譌；故此二字不當入彳部，更不當入見部。揆其初誼，從又持貝。故當入又部，以“㝵”爲正文，“得”爲或體。即以小篆易“又”爲“寸”，亦當入寸部矣。

[117] 《詁林》頁 826b。“行有所得”，《段注》作“㝵”，並云：“‘㝵’、各本誤作‘得’，今正。見部曰：‘㝵、取也。’行而有所取，是曰得也。”《徐箋》非之曰：“‘行有所㝵’，作‘得’，用世俗通行之字，使人易知。段改作‘㝵’，非許意也。”（段、徐二說，竝見《詁林》頁 826b。）

[118] 《詁林》頁 3847a。

即以王筠之卓識，亦以"得"爲叚借，而非"尋"
之重文。王氏《說文句讀》云：

> 《曲禮》："臨財毋苟得"當作"尋"。蓋
> 自衛宏詔定古文官書，"尋"、"得"二字
> 同體，是以淆也。[119]

王氏《說文釋例》亦云：

> 案"行有所得也"者，猶云行道而有得於心
> 謂之德，重在行，故從"彳"，與"尋"義
> 小別。《眾經音義》曰："案衛宏詔定古文
> 官書，'尋'、'得'二字同體。"據此則
> 是衛宏始合二字爲一也。[120]

特徐灝及朱駿聲二氏，以"尋"、"得"爲古今字，
[121] 然亦揣測之辭耳。今以甲文、金文考之，二氏
之說甚塙。甲文"得"字作 、、、、諸形，

---

[119] 《詁林》頁 3847a。

[120] 同上。

[121] 參《詁林》頁 826b 及 827a。

從又持貝。[122] 又者，手也。古者以貝爲貨幣，故
從手持貝，以明取得之意。或加 彳 旁作𢔤、𢔆，[123] 嚴
一萍以爲 "貝之取得，已在市井交易之時，故加 彳
以明得貝之所。" [124] 金文 "得" 字結構與甲文同，
或作𢔤(舸文)、𢔆(亞父癸卣)；或作𢔤(中得舸)、
𢔆(父乙舸)、𢔆(得罍)、𢔆(亞父庚鼎)、𢔆(𦤧鼎)。
[125] 小篆誤 "貝" 爲 "見"，而 "得" 字之朔誼晦
矣。甲文、金文有辭例相同，而或作 "得"，或作
"𢔆" 者，如掇 2.141 辭云："貞：弗其得。" 金 595、
存 1.257、存 1.259、京 2255、乙 2816 皆作 "貞：
弗其𢔆。" 亞父庚鼎："亞形中得父庚"，作 "得"；
亞父癸卣："亞中𢔆父癸"，作 "𢔆"，知 "得"、
"𢔆" 本爲一字矣。又前 8.13.3："癸丑卜，貞：
不女得。" 後下 42.13："不女其得。" 前 5.29.4：
"貞叀得令。" 皆非 "行道而有得於心"，王筠謂
"重在行，故從彳" [126]，謬矣！

---

[122] 參《甲骨文編》頁 75 至 76。

[123] 同上。

[124] 見〈釋得〉，《中國文字》第一冊，1960 年，國立臺灣大學文
學院古文字學研究室編印。

[125] 參《金文編》頁 89。

[126] 《詁林》頁 3847a。此 "行" 承上 "德" 言，謂 "德行" 也。

結語

　　上列各組文字，若據《說文》言之，固可謂之通假；然若以文字發展之跡觀之，則實爲古今字及異體字。清儒言通假者，奉《說文》爲圭臬，各持局見，莫辨原流。其所謂"通假"者，有本無其字，古但借同音字爲之，《說文》中之"本字"，實爲後起分別文者，"樊"、"礬"之類是也；有"借字"爲初文，"本字"爲分別文者，"右"、"祐"之類是也；有"本字"爲初體，"借字"爲分別文者，"突""淡"之類是也；有"借字"爲初文，本字爲絫增字者，"斗""枓"之類是也；有"本字"爲初體，"借字"爲絫增字者，"叚"、"假"之類是也；有"本字"、"借字"於甲骨文即爲異體字者，"尋"、"得"之類是也。清儒未睹甲骨卜辭，而於文字孳乳之跡，及分析偏旁之法，又往往湛思未至，燭理不明，於上述各組文字，有但以通假視之者，其說未免拘牽扞格矣。余竊不自揆，試爲之濬原通流，廓拘啓窒，冀研治清儒通假說者，可以博參廣悟爾。

章炳麟《小學答問·序》評朱駿聲語管窺

　　清朱駿聲（1788-1858）《說文通訓定聲》，仰鑽經傳，旁究子史，研覈群書，闡明古訓，於文字之本義、引申義、假借義，靡不深探竟討，鉤賾索隱，誠訓詁之指歸，學海之津筏矣。惟近世章炳麟（1869-1936）[1]《小學答問·序》評之曰："朱氏拘牽同部，晻于雙聲相借，又不明旁轉對轉之條，粗有補苴，猶不免于專斷。"[2]據章氏之言，則朱氏所言假借，似多可議。惟夷攷其實，朱氏不濫用對轉旁轉，正其慎也，其所言假借，亦往往較章說爲可信。今舉數例明之：

　　（一）《小學答問》第二條：

---

[1] 《章太炎先生家書·敘言》附注云："據太炎先生自定年譜，先生生於清同治七年（1868）11月30日，合陽曆爲1869年1月12日。此書用公元紀年，故作1869年"。

[2] 章炳麟：《章氏叢書》（臺北：世界書局，1958年7月）頁271。章氏喜用《說文》正字，今爲方便排印，易之以通行字。

問曰：“《說文》：‘祝、祭主贊詞者。’
《春秋公羊傳》言‘天祝予’，《穀梁傳》
言‘祝髮’，以祝爲斷，其本字當云何？”
答曰：“字當作殊。殊者、斷也，絕也。
《春秋左氏傳》曰：‘斷其後之木而弗
殊。’《漢書‧宣帝紀》曰：‘粲而不
殊。’古音祝如州。左氏、公羊《春秋經》
‘州吁’，穀梁《春秋經》作‘祝吁’，是
其證。州之音近殊，《春秋說題辭》曰：
‘州之言殊也。’又《說文》𪓐讀若祝，
云：‘呼雞重言之。’《風俗通義》則言
‘呼雞朱朱’，云：‘𪓐與朱音相似。’是
祝亦可讀朱，是故借祝爲殊。”[3]

案：殊固有斷義，惟攷諸古音，殊字禪紐侯部，祝
字章紐覺部，音理略隔[4]，似不如朱駿聲以祝本字爲
劅[5]之可信。劅即《說文》之斸，說解云：“斫
也。”字從斤，斤斧之屬，所以斷物也，故有斷

---

[3]　《章氏叢書》頁271。

[4]　古籍侯、覺二部合韻者不一見。

[5]　丁福保編纂：《說文解字詁林》（臺北：商務印書館，1970）
　　頁70上。

誼。《左傳》哀公十五年：“天或者以陳氏爲斧斤，既斲喪公室。”“斲喪”之義，與“天喪予”、“天祝予”同。《說文》：“斲、斫也。”正與斸同訓。又《管子·形勢解》：“斲削者，斤刀也。故曰奚仲之巧，非斲削也。”《荀子·王制》：“農夫不斲削，不陶冶，而足械用。”皆斲削連言。《穀梁傳》莊公二十四年：“斲之礱之。”《釋文》：“斲，削也。”斸與斲同訓，則斸亦有削義。斸髮者，猶後世所言削髮也。是斸爲“祝髮”之本字矣。斸與祝皆端紐屋部，自可通假。

（二）《小學答問》第七條：

問曰：“《說文》：‘犀、南徼外牛。’《衛風》：‘齒如瓠犀。’《傳》：‘瓠犀、瓠瓣也。’瓠瓣何因偁犀？”答曰：“犀、借爲人。《說文》遲從犀聲；或作迡，從𡰥聲。是犀、𡰥同聲。𡰥、仁同音，故犀得借爲人。草木核中實偁人，若桃人、杏人是也。《本草別錄》、《荊楚歲時記》皆作人，今人書作仁。《釋草》瓠犀作瓠

棲。棲本西字，古音又與人同部；千從人
聲，古文仁作忎，從千聲，千、西音正
近。"[6]

案：犀、棲同音，上古皆心紐脂部。朱駿聲《說文
通訓定聲》："犀、假借爲棲，《詩・碩人》：
'齒如瓠犀。'按瓠瓣、棲於瓠中者也。"[7]其說是
也。《爾雅・釋草》："瓠棲、瓣。"正用本字。
郭璞《注》云："瓠中瓣也。《詩》云：'齒如瓠
棲。'"是《三家詩》有從本字作瓠棲者。《爾
雅》、《毛傳》皆以瓣訓瓠棲，《說文解字》七篇
下瓜部："瓣、瓜中實也。"章氏以人爲本字，不
知從何取義？且人日紐真部，與犀音韻稍隔。

　（三）《小學答問》第四十六條

問曰："《說文》：'部、天水狄部。'言
部署、部曲者，當爲何字？"答曰："本起
于蓋弓之部。輪人爲蓋，倍其桯圍以爲部
廣，部廣六寸，部長二尺。鄭司農云：

---

[6] 《章氏叢書》頁272。

[7] 《說文解字詁林》頁540下。

'部、蓋斗也。' 蓋斗在中，蓋弓二十有
八，皆由是出，肋分翼張，故有分部之誼。
本字當爲垺。《新論》說蓋有保斗，《論
衡》談天謂之蓋葆。古聲垺、保、葆同音，
轉爲部。《說文》：'垺、相次也。'即相
次處曰垺，能次弟之亦曰垺；言部署、部曲
者，放諸此矣。⋯⋯" [8]

案：《漢書・高帝紀》："部署諸將。"顏師古
《注》："分部而署置。"《周禮・地官・鄉
師》："大役則帥民徒而至，治其政令。"
《注》："作部曲也。"《疏》："所營作之處，
皆有部曲分別，故云部曲也。"是部署、部曲皆有
分義，部實當如朱駿聲說，爲剖之假借[9]。《荀子・
王霸》："如是，則夫名聲之部發於天地之間也，
豈不如日月雷霆然矣哉！"楊倞《注》："部，當
爲剖。"是其證也。又"部居"、"部門"、"部
界"等均有分剖義。《說文・刀部》："剖、判
也。"由剖判義轉爲部居義，猶班由分瑞玉[10]轉爲

---

[8] 《章氏叢書》頁280。

[9] 《說文解字詁林》頁2813下。

[10] 《說文・玨部》："班、分瑞玉。從玨，從刀。"

班列、班部，分由分判、分剖[11]轉爲分次、部分
爾。部、剖皆從音聲，同屬之部，聲母發音部位亦
同（部並紐，剖滂紐）。至若部、早，則音理略隔
（部並紐之部，早幫紐幽部。）

（四）《小學答問》第七十八條：

> 問曰：“《說文》：‘溫、水，出楗爲涪
> 南，入黔水。’‘盈，仁也。’‘熅，鬱煙
> 也。’溫良、溫柔可作盈；溫煖字宜作何
> 形？若作熅者，誼未密合，豈竟無本字
> 邪？”答曰：“溫煖字當爲㷉，灰諄對轉。
> 故《毛詩》‘以慰我心’，《韓詩》作‘以
> 愠我心’；《故訓傳》訓慰爲怨，亦以爲愠
> 字也。《說文》：‘㷉、從上案下也。從㞤
> 又持火，以㷉申繒也。’此即今㷉斗字，今
> 亦讀如愠斗。㷉之則煖，故㷉引申訓
> 煖。……”[12]

案：熅訓鬱煙者，王筠《說文句讀》：“此謂不使

---

[11] 《說文·八部》：“分、別也。從八從刀，刀以分別物也。”
[12] 《章氏叢書》頁288。

生光燄也；火壯則煙微，鬱之則煙盛。"[13]。火雖
不壯，然自有溫煗義。《漢書·蘇武傳》："（蘇
武）引佩刀自刺。衛律驚，自抱持武，馳召醫。鑿
地爲坎，置熅火，覆武其上，蹈其背以出血。"夫
朔方風寒，故置熅火以取煗。又漢牟融《理惑
論》："狐貉雖熅，不能熱無氣之人。"是溫煗字
當如朱駿聲說以熅爲本字[14]，戾字古籍中無訓煗義
者。且熅、溫古音皆影紐文部，戾則影紐物部，與
溫音稍隔。

　　以上四例，朱駿聲所言本字借字之間，聲韻或
同或密近；章氏所舉者，則屬對轉旁轉之條，音理
稍隔。二者相較，朱說爲長。

　　章氏《小學答問·序》謂"朱氏拘牽同部"。
今觀朱氏所言假借，實有不限於同部者，如《詩·
齊風·猗嗟》"抑若揚兮"之"抑"，《毛傳》訓
"美色"，朱駿聲以爲懿之假借[15]。案抑字影紐職

---

[13]《說文解字詁林》頁4493下。

[14] 同上，頁4814下。

[15] 同上，頁4030上。案：此說王引之（1766-1834）實先於朱氏
言之，王氏《經義述聞》曰："《猗嗟》篇：'抑若揚兮。'

部，懿字影紐質部，二字影紐雙聲，職質旁轉。

　　細攷朱氏所言假借，本字借字聲韻相同或密近者，多較可信，其聲韻俱隔者，則較可疑。如《說文》：“畢、田网也。”《爾雅‧釋器》：“簡謂之畢。”朱氏謂畢借爲箑云：“《禮記‧學記》：‘呻其佔畢。’《爾雅‧釋器》：‘簡謂之畢。’按佔畢者，笘箑也。”[16]案畢上古幫紐質部，箑餘紐葉部，二字聲韻俱隔，反不如章氏《小學答問》謂借畢爲箄[17]之可信。

《毛傳》曰：‘抑、美色。’《正義》曰：‘揚是顙之別名，抑爲揚之貌，故知抑爲美色。’引之謹案：抑與懿古字通。（《小雅‧十月之交》篇：‘抑此皇父。’《箋》云：‘抑之言噫。’《釋文》：‘抑、徐音噫。’《大雅‧瞻卬》篇：‘懿厥哲婦。’《箋》云：‘懿、有所痛傷之聲也。’《正義》曰：‘懿與噫字雖異，音義同。’是抑即懿也。《楚語》：‘作懿以自儆。’《韋註》：‘懿、《詩‧大雅‧抑》之篇也。懿、讀之曰抑。’）《爾雅》：‘懿、美也。’故《傳》以抑爲美色。重言之則曰抑抑，《大雅‧假樂》篇：‘威儀抑抑。’《傳》曰：‘抑抑、美也。’”（見《皇清經解》，臺北：復興書局，1961，頁12665。）

16　《說文解字詁林》頁1662下。

17　《章氏叢書》頁277。章氏曰：“《說文》：‘箄、藩落也。’截竹爲藩，與截竹爲簡同。《莊子》以竿牘爲簡牘，明

又如《說文》：“拓、拾也。”其言拓地者，朱氏以爲庇之假借[18]。惟徐灝《說文解字注箋》“拓”下云：“今用爲開拓字……灝謂乃斥之假借。斥有充斥義，與拓古音同，故通作拓耳。”[19]徐說是也，《說文解字》九篇下广部：“庨、卻屋也。”庨、今作斥。《段注》：“卻屋者，謂開拓其屋使廣也。”是言開拓、拓地者，本當作斥。古籍中斥字訓開廣者甚夥，如《禮記・王制》：“公侯田方百里。”《注》：“周公攝政致太平，斥大九州之界。”《疏》：“斥大，謂開斥廣大。”《史記・貨殖列傳》：“塞之斥也。”《正義》：“顏云：‘塞斥者，言國斥開邊塞，更令寬廣。……’”《漢書・司馬相如傳》：“除邊關之益斥。”《注》：“斥，開廣也。”又漢人多言斥地，如《漢書・武五子傳》：“遠方執寶而朝，增郡數十，斥地且倍。”《漢書・韋玄成傳》：“斥地遠境，起十餘郡。”《鹽鐵論・結和》：“聖主斥地，非私其利，用兵非徒奮怒也。”是拓地本當

竿、簡同字。樂之竹管曰龠，書僮竹笘曰龠；比竹爲藩曰籓，比竹爲簡亦曰華。”
[18] 同《說文解字詁林》頁5458下。
[19] 同上。

作斥地無疑矣。拓字章紐鐸部，斥字昌紐鐸部，二
字同部，又旁紐雙聲。朱駿聲以爲庍之假借，《說
文》："庍、開張屋也。"引申爲拓，固亦可通。
惟庍澄紐魚部，與拓魚鐸對轉，音理稍隔矣。

　　由是觀之，朱氏實非如章氏所言，"不明旁轉
對轉之條"；惟其所用對轉旁轉，則遠少於章氏。
其所言假借，雖非盡確，然多較章氏所言者平實可
信；章氏謂其"專斷"，似非事實。餘杭章氏爲近
世小學大家，衆所共仰，其言之牴牾者，不得不詳
辨之，殆以燕石之瑜，補荆璞之瑕云爾。

高本漢修訂本《漢文典》管窺

　　1997 年 11 月，上海辭書出版社出版了瑞典
著名漢學家高本漢（Klas Bernhard Johannes
Karlgren 1889-1978）*Grammata Serica Recensa* 的
中譯本，名之曰《漢文典（修訂本）》，承編譯者
潘悟雲教授寄贈乙冊。值新加坡國立大學舉辦東
西方文化承傳與創新學術研討會，遂以〈高本漢
修訂本《漢文典》管窺〉為題，對高書作一探討。

　　修訂本《漢文典》中譯本之開端，有張世祿
教授寫的編譯前言。張教授指出，高本漢先根據
《廣韻》反切、宋代等韻圖及其親自調查所得之
漢語方言資料，整理出中古漢語的音韻系統，寫
成對現代漢語音韻學影響至鉅的名著 "Études sur
la phonologie chinoise"（《中國音韻學研究》）。
在完成中古漢語研究之後，高氏進而研究上古漢
語，陸續發表其 *Analytic Dictionary of Chinese and
Sino-Japanese*(《中日漢字分析字典》)[1]、 "Problems

---

[1] 張世祿教授說高氏於 1926 至 1934 年陸續發表 Analytic
　　Dictionary of Chinese and Sino-Japanese 諸作，按 Analytic

in Archaic Chinese"（《上古中國音之中的幾個問題》）、"Shi King Researches"（《詩經研究》）、"Word Families in Chinese"（《漢語詞類》）等重要著作。到了 1940 年，高氏以字典形式寫成"Grammata Serica, Script and Phonetics in Chinese and Sino-Japanese"（《漢文典——中日造字諧聲論》）一文，該文於 1940 年在 *Bulletin of the Museum of Far Eastern Antiquities*（《遠東博物館館刊》）第 12 期發表，同年有單行本面世，簡稱《漢文典》。

《漢文典》是一本有關漢字和古漢語詞義的工具書，其體制大致上仿照朱駿聲（1788-1858）《說文通訓定聲》，以形聲字之主諧字爲綱，依次排列相關的形聲字。每一漢字附列上古音、中古音、現代音，以及字的本義、引申義和假借義，並擇錄甲骨文和金文。

《漢文典》的開端，有一篇相當長的導言，

Dictionary of Chinese and Sino-Japanese 實於 1923 年出版，見陳舜政《高本漢著作目錄》，《書目季刊》第 4 卷第 1 期，1969。

詳細闡明《漢文典》收錄漢字形體及釋述音義的
特點和理論依據。高氏強調漢字的歷史研究必須
包括兩方面：其一爲早期象形字、會意字之全面
研究；其二爲假借及由此而產生之諧聲系列的研
究。高氏說，只有到了他的時代，這兩方面的問
題才得以解決，因爲甲骨文與金文之大量發現，
有助於研究早期的象形字和會意字；而上古漢語
音系之構擬，則有助於研究假借與諧聲。

　　高氏是漢語古音構擬的奠基者，他在《漢文
典》中也充分突顯他所構擬的上古音和中古音。
不過，上古音和中古音的音值，言人人殊，難以
論定；高本漢所構擬的古音音值，到了今天，已
經過不少其他學者的修訂。至於古音聲紐、韻類
的劃分，清代學者早已做了大量工作；音值的構
擬，無疑使對古音的認識得以有所增加，但對假
借和諧聲的研究，並非像高本漢所說那麼重要，
也不一定需要放進字典裏，近年傾全國之力編成
的《漢語大字典》，即沒有標出任何學者構擬的
音值，而只標明字、詞的聲韻類別。不過，無論
如何，高本漢在《漢文典》中標出他所構擬的古
音音值，的確是一種突破。正如趙元任在他爲《漢

文典》寫的評論中所說，高氏標出他所構擬的漢
字古音音值，當會受非古音專家的讀者歡迎。[2]

　　至於近世地不愛寶，甲、金文的大量出土，
古文字研究著作如林，的確有助於漢字形、義的
研究。可惜高本漢不是古文字學的專家，在闡釋
漢字字形方面，不但少所發明，對其他學者的說
法也未能充份利用，這不能不說是一種缺憾。[3]

　　高本漢在 *Analytic Dictionary of Chinese and
Sino-Japanese*（《中日漢字分析字典》）(1923)中，
本已為上古漢語標調；但在《漢文典》(1940)中，
卻放棄標誌上古漢語的聲調，這未免是一種倒
退，令人感到可惜。[4]

　　到了 1957 年，高本漢在 *Bulletin of the Museum
of Far Eastern Antiquities* 第 29 期發表 "Grammata
Serica Recensa"（《漢文典（修訂本）》），便給每

---

[2] Language: Journal of the Linguistic Society of America 17, 1941,
　　p.60.
[3] 趙元任也有類似意見。同注 2，頁 62。
[4] 趙元任也有類似意見。同注 2，頁 65-66。

個漢字補回聲調，並充份利用他研究《詩經》和
《書經》的成果[5]，對《漢文典》的釋義作出修訂。

　　張世祿教授在修訂本《漢文典》中譯本的編
譯前言中指出，《漢文典》一書的價值首先在於
音韵，其次在於字、詞的釋義。張教授認爲：

> 高氏一方面從文字學的角度詮釋漢字的結
> 構和字義，使漢字的本義得以明確；另一
> 方面，又從訓詁學的角度，嚴格選取只出
> 現在漢代以前典籍中的詞義，於是字的本
> 義、引申義和假借義得以明確。這種把字
> 形、字義和詞義的解釋有機地結合在一部
> 辭書中的做法，無論在當時還是在現在，
> 都可稱爲一種創造。[6]

---

[5] 高本漢所著 "Glosses on the Kuo feng odes"（《國風注釋》）、
　　"Glosses on the Siao ya odes"（《小雅注釋》）、"Glosses on
　　the Ta ya and Sung odes"（《大雅頌注釋》），分別發表於
　　Bulletin of the Museum of Far Eastern Antiquities 第 14、16、
　　18 期；高氏所著 "Glosses on the Book of Documents"，則
　　發表於同一刊物的第 20、21 期。
[6] 見修訂本《漢文典》中譯本編譯前言頁 2。

　　張教授說高本漢從文字學的角度詮釋漢字的
結構和字義，而這也是高氏在《漢文典・導言》
中所強調的。事實上，他也的確闡釋了某些字的
字形。例如象形的 "冊" 字，他列舉了 ⊞⊞ ⊞⊞
⊞⊞ ⊞⊞ 等字形[7]，並且闡釋說："The graph shows
writing slips tied together."[8] [此字象竹簡連綴在一
起之形。][9] 又如 "立" 字，他列舉了 大 大[10] 大 等字
形[11]，並且闡釋說："The graph is a drawing of a
standing man."[12] [此字象站立着的人。] 至於指事
字，例如 "本" 字，他闡釋說："The Seal has 'tree'
with the base marked by a stroke."[13] 意謂此字从
"木"，表樹木，其下一畫表根部。又如 "刃"
字，他闡釋說："The Seal has 'knife' with the edge

---

[7] Bernhard Karlgren, "Grammata Serica Recensa", Bulletin of
the Museum of Far Eastern Antiquities, 29:225 (1957)。

[8] Ibid., p.224。

[9] 本文中譯，均曾參考中譯本《漢文典》，下不贅。

[10] 根據高本漢，這是立鼎中 "立" 字字形。按：立鼎中 "立"
字作 大，參《金文編》（北京：中華書局，1985 年 7 月第 1
版）頁 710。

[11] Karlgren, "Grammata Serica Recensa", p.183。

[12] Ibid., p.182。

[13] Ibid., p.122。

marked by a stroke." [14]意謂此字从"刀"，"、"
表示刀刃。至於會意字，例如"監"字，他列舉
了古字形𥃫[15]，闡釋說："The graph has 'man',
'eye' and 'vessel' = to look at oneself, to mirror
oneself in a bowl with water." [16] [此字內含
"人"、"目"、"皿"，即照看自己，在盛水
的器皿中照自己之意。] 又如"鄉"字，他列舉
了 𩠖𩣡𩠷𩠐𩟔 [17]等字形，闡釋說："Thus the
graph, which shows two men sitting turned towards
one another at a food vessel, serves both for (*xijang*:
'feast' and (*xijang*- 'to face'." [18]意謂此字象二人對
着食具相向而坐，既用作"饗"，又用作"向"。
類似的例子很多，恕不盡列。

　　有些時候，高氏闡釋字形，還提出了一些新
的見解。例如"若"字，他列舉了 𦮙[19]等字形，

[14] Ibid., p.125。

[15] Ibid., p.163。

[16] Ibid., p.162。

[17] Ibid., p.188。

[18] Ibid., p.187。

[19] Ibid., p.206。

闡釋說： "The graph is a drawing of a kneeling man with dishevelled hair and stretched-up hands, the traditional attitude of the vanquished and surrendering warrior." [20] [此字象一跪着的人，頭髮蓬亂，雙手伸舉，是兵士降服的傳統姿勢。] 這個字羅振玉（1866-1940）、葉玉森（?-1933）、白川靜（1910-　）均曾加以研究，羅振玉說："象人舉手而跽足，乃象諾時異順之狀" [21]；葉玉森說："象一人跽而理髮使順形" [22]；白川靜則認爲象女巫於神附身時之狀態 [23]。筆者認爲三說均有可商，經過分析後指出：

> 案此字於卜辭中有順意，殆即經籍中訓順之若字。又此字孳乳爲諾，故羅氏謂象諾時異順之狀，惟何以甲骨中此字均呈披頭散髮形，實不可解；葉說頗能解釋此字於

---

[20] Ibid., p.205。

[21] 參《增訂殷虛書契考釋》（北京：東方學會，1927）卷中頁56a。

[22] 參《說契》（見《說契》、《研契枝譯》合訂本，北平：富晉書社，1929）頁 5a。

[23] 參《說文新義》林潔明譯文，見《金文詁林補》（臺灣：中央研究院歷史語言研究所，1982 年 5 月）頁 1677-1678。

卜辭訓順之理，惟此字是否象理髮使順，
觀字形似尚難確說，且跽而理髮使順，何
以能孳乳爲諾，亦不可解；白川靜謂女巫
於神附身時，陷於迷亂之狀態，頭髮亂如
雲，兩手舉而跪坐，其說頗能解釋甲骨文
之字形，然何以卜辭此字有順意，且又孳
乳爲諾，豈女巫所傳達之神意皆順人意，
且於人之請求，盡皆應諾之邪！竊疑此字
象俘虜散髮舉手之狀，故凡事巽順，無不
應諾也。甲骨文有 （續 2.16.1）字，象
人舉手跽足與 同 惟頭上有 ，與童、
妾等字同，殆即郭沫若所謂“古人於異族
之俘虜或同族中之有罪而不至於死者，每
黥其額而奴使之”者也。又甲骨文有 （乙
3307）字，象人散髮形，與 略同，其上
有 拘持之，蓋亦降服之意，與反字作
（甲 1020）者意略同。又 字音若，與
虜，奴二字鐸魚對轉（若字日紐鐸部，虜
字來紐魚部，奴字泥紐魚部。日古歸泥，
則若、奴二字古音尤近），與臧字鐸陽對
轉（臧字精紐陽部），與獲字則同屬鐸部
（獲字匣紐鐸部）。臧獲者，被虜獲爲奴

> 隸者之稱也。又若與臧同有善意，《爾雅·
> 釋詁》曰：“……若……臧……善也。”
> 于省吾曰：“施威武以征服臣妾，自爲得
> 意之舉，故引伸有臧善之義。”是則稽之
> 字形，覈之音韻，驗諸古籍，皆以　象俘
> 虜散髮舉手之狀爲勝。[24]

筆者有關“若”字的研究，是八十年代做的，當
時沒有注意到高氏已有同樣的見解。不過，修訂
本《漢文典》中闡釋字形，能夠像“若”字這樣
提出新見解的地方並不多。

　　這完全不足爲奇，正如上文所說，高本漢不
是古文字學的專家，在闡釋字形方面，不但少所
發明，對其他學者的說法也未能充份利用。例如
“申”字，修訂本《漢文典》只羅列了 ⺈乙乁乬
等字形[25]，而沒有任何闡釋。其實，葉玉森在 1932
年出版的《殷虛書契前編集釋》中已指出：“（甲
文）象電燿屈折。《說文》‘虹’下……許君曰：

----

24 見拙著《讀王筠〈說文釋例·同部重文篇〉札記》，載《古
　　文字研究》第 17 輯，頁 383。
25 Karlgren, "Grammata Serica Recensa", p.110.

'申，電也。'"[26]高氏未能引用，實在可惜。
又如"邑"字，修訂本《漢文典》只羅列了ᢒᢒ𗀷
𗀷[27]等字形，而沒有任何闡釋。羅振玉在 1927 年
出版的《增訂殷虛書契考釋》說："邑爲人所居，
故从囗从人。"[28]不過，高氏卻沒有引用。

　　不但古文字如此，《說文解字》的說解，修
訂本《漢文典》也往往付諸闕如。根據《說文解
字》，"吞"字"从口天聲"[29]，"切"字"从刀
七聲"[30]，"祟"字"从示出"[31]，"閏"字爲"餘
分之月，五歲再閏。告朔之禮，天子居宗廟，閏
月居門中。从王在門中。"[32]《說文解字》的說解，
對讀者瞭解上述各字的結構，本來很有幫助，修

---

[26] 《殷虛書契前編集釋》（上海：督印葉漁先生遺著同人會，
　　1934）卷 1 頁 17b。

[27] Karlgren, "Grammata Serica Recensa", p.181。

[28] 同注 21，卷中頁 7a。

[29] 《說文解字》（香港：中華書局，1977 年 5 月重印）頁 30。

[30] 同上，頁 91。

[31] 大徐本《說文》作"从示从出"，此據小徐《說文繫傳》
　　及段玉裁《說文解字注》，參《說文解字詁林》（臺北：商務
　　印書館，1970 年 1 月台 3 版）頁 90b-91a。

[32] 同注 29，頁 9-10。

訂本《漢文典》付諸闕如[33]，未免可惜。

　　有些時候，修訂本《漢文典》對古文字的字形，不是完全沒有說明，但卻嫌申述不足。例如"既"字，修訂本《漢文典》列舉了 等字形[34]，闡釋說："The graph shows a kneeling person and a food vessel."[35] [此字象盛食品的器皿及跪着的人。]但爲甚麼"a kneeling person and a food vessel"有"to complete a repast"[36] [食畢]的意思呢？高本漢卻沒有進一步說明。其實，古文字中的"既"字，是象人食畢四顧之狀[37]。又如"臣"字，修訂本《漢文典》列舉了 等字形[38]，闡釋說："The graph shows an 'eye' turned in a vertical position: (the eye, pars pro toto =) the head bowed down.　That 'eye' stands for 'head'

---

[33] Karlgren, "Grammata Serica Recensa", pp.104, 113, 143, 261.

[34] Ibid., p.139.

[35] Ibid., p.140.

[36] Ibid.

[37] 參羅振玉《增訂殷虛書契考釋》卷中頁 55a 及李孝定《甲骨文字集釋》（臺北：中央研究院歷史語言研究所，1970 年 10 月再版）頁 1751-1752。

[38] Karlgren, "Grammata Serica Recensa", p.108.

is common." [39] [此字象直豎的眼睛，示低頭之狀。以 "眼睛" 代頭很常見。] 爲甚麼 "an 'eye' turned in a vertical position: (the eye, pars pro toto =) the head bowed down" 有 "slave, servant" [40] [奴隸，奴僕] 的意思呢？高本漢沒有進一步申述。郭沫若（1892-1978）《甲骨文字研究》說："人首俯則目豎。所以 '象屈服之形' 者，殆以此也。" [41] 可參。

　　有些時候，修訂本《漢文典》遺漏了一些有助讀者瞭解文字結構和本義的古文字字形。例如 "春" 字的甲骨文，修訂本《漢文典》列舉了 ✲ [42]，卻遺漏了 ✲ [43]。"春" 字小篆作 ✲，《說文》分析其結構說："……从艸，从日，艸春時生也；屯聲。" 甲骨文的 ✲，與小篆 "春" 字結構相同，只不過把 "艸" 平列的兩個 "屮" 改爲上下放置

---

[39] Ibid., pp.107-108.

[40] Ibid., p.107.

[41] 《甲骨文字研究》（香港：中華書局，1976 年 5 月港版）頁 66。此書初印於 1931 年。

[42] Karlgren, "Grammata Serica Recensa", p.127.

[43] 見《甲骨文編》（香港：中華書局，1978 年 2 月港初版）頁 22。

罷了；于省吾先生（1896-1984）在 1940 年出版
的《雙劍誃殷契駢枝》中已指出就是"春"字[44]，
並且指出𡴎不可能是"春"字[45]。高本漢似乎沒
有參考于先生的意見。又如修訂本《漢文典》"臧"
字下說"good"[46]，沒有進一步解釋。于省吾先
生認爲甲骨文的𢼊、𢼊等字即"臧"之初文，並
試圖解釋"臧"何以有"善"意。于先生在 1943
年出版的《雙劍誃殷契駢枝三編》中說：

> 契文戫字作𢼊，亦作𢼊。……戫當即臧之
> 初文。《說文》："臧，善也。从臣，戕聲。"
> 按戕从爿聲，臧字加爿爲聲符，乃後起
> 字。……戫字从臣从戈，乃會意字，施威
> 武以征服臣妾，自爲得意之舉，故引伸有
> 臧善之義。菁八："王固曰：其隻（獲），
> 其隹丙戌㘴，其隹乙戫。"其義則謂應有
> 所獲，其唯丙戌不善而乙日善也。[47]

[44] 《雙劍誃殷契駢枝》（北京：大業印刷局，1940 年 10 月初
版）頁 4a。

[45] 同上，頁 5a-8b。

[46] Karlgren, "Grammata Serica Recensa", p.192.

[47] 《雙劍誃殷契駢枝三編》（北京：大業印刷局，1943 年 5 月

很明顯，**𣥂**、**𣥺**等字形有助解釋"臧"字的本義，可惜高氏沒有引用。

　　小篆的字形，有時也有助於讀者對文字結構和本義的瞭解。例如"粦"字，修訂本《漢文典》說："Shuowen says: will-o'-the-wisp …… The graph …… has yen 'flame' and two feet (dancing?)."[48] [《說文》說：鬼火。此字從"炎"（火焰）和雙腳（正在跳舞？）] 但字形上見不到"粦"字從"炎"，讀者不會明白爲甚麼"The graph …… has yen 'flame' and two feet (dancing?)"。如果把小篆列出，讀者便會明白，

初版）頁 30b。李孝定先生《甲骨文字集釋》頁 996 說："臧字作𢦏，與民同意，蓋象以戈盲其一目之形，其本意爲奴隸。《方言》三：'罵奴曰臧，凡民男而婿婢謂之臧，亡奴謂之臧。'（案：李先生引文有所刪削）《荀子·王妾》：'雖臧獲不肯與天子易埶業。'注：'奴婢也。'《楚辭·哀時命》：'釋管晏而任臧獲兮。'注：'臧，爲人所賤繫也。'《漢書·司馬遷傳》：'臧獲婢妾，猶能引決。'注：'臧獲、敗敵所，被虜獲爲奴隸者。' 此皆古語之遺。奴婢必恭順唯謹，故引伸得有善誼也。"李先生進一步補充了于先生之說。

[48] Karlgren, "Grammata Serica Recensa", p.109.

因爲小篆 "鉾" 字作鉾[49]，正从炎舛。又如 "叏"
字，修訂本《漢文典》說： "Shuowen says: to dive
...... " [50] [《說文》說：潛水……] 讀者可能會覺
得奇怪，不明白 "叏" 字中的 "刀" 和 "dive"
有甚麼關係。 "叏" 字小篆作𢎽，《說文》說： "𢎽，
入水有所取也。从又在回下；回，古文回。回，
淵水也。" [51]如果把 "叏" 字的小篆列出，並稍作
解釋，讀者就會明白 "叏" 字的結構及其本義。

　　此外，高本漢有時把字義和文字的結構弄錯
了。先說字義，例如 "爲" 字，修訂本《漢文典》
列舉了 "𤣥" 等古文字字形[52]，闡釋說： "The
earliest form shows a hand at the head of an elephant
(possibly referring to the handicraft in ivory, so
prominent in Yin time?)" [53] [最早的字形象一隻手
置於大象的頭部（可能與殷代興盛的象牙工藝有
關?）] 羅振玉《增訂殷虛書契考釋》說： "卜辭

---

[49] 《說文解字》頁 211。

[50] Karlgren, "Grammata Serica Recensa", p.135.

[51] 同注 49，頁 64。

[52] Karlgren, "Grammata Serica Recensa", p.26.

[53] Ibid., p.27.

作手牽象形⋯⋯意古者役象以助勞，其事或尙在
服牛乘馬以前。"[54]羅氏之說，顯然較高說合理；
不過，高氏卻沒有採用。

　　修訂本《漢文典》弄錯字義的例子比較少，
弄錯文字結構的例子比較多。有誤釋字形的，例
如"折"字，修訂本《漢文典》列舉了古字形𣂰[55]，
闡釋說："The graph has 'hand'('hands') and
'axe'."[56] [此字从"手"（雙手）从"斤"（斧）。]
高本漢所說的"hands"，不知是否指所舉古字形
𣂰的左邊偏旁𣂰，如果真的指𣂰，那是一個錯誤，
因爲𣂰只是把"艸"字左右排列的兩個"屮"改
爲上下放置，仍是"艸"字。《說文解字》中"折"
字正篆作 ，說解云："𣂰，斷也。从斤斷艸，譚
長說。𣂰，籕文折从艸在仌中，仌寒，故折。𣂰，
篆文折从手。"[57]段玉裁（1735-1815）《說文解字
注》、嚴可均（1762-1843）《說文校議》均認爲

---

[54] 同注 21，頁 60b。

[55] Karlgren, "Grammata Serica Recensa", p.88.

[56] Ibid., p.89.

[57] 《說文解字》頁 25。

"折"篆重文爲後人所增[58]，茲舉段氏之言如下：

> 按此（堯案：指折篆重文）唐後人所妄增。
> 斤斷艸，小篆文也；艸在仌中，籀文也；
> 從手從斤，隸字也。《九經字樣》云："《說
> 文》作斵，隸省作折。"《類篇》、《集韵》
> 皆云："隸從手。"則折非篆文明矣。

王筠《說文釋例》說：

> ……重文折，豈以手持斤而折之邪？意頗
> 迂遠。似是斵字誤連爲斵，左旁近似乎字，
> 不知者增爲重文，以致今人皆作折，不復
> 用斵矣。[59]

堯案：折字甲骨文作 (前 4.8.6)、 (京津 2737)、
(京都 3131)，金文作 (盂鼎) (不嬰簋)、
(兮甲盤)、 (虢季子白盤)、 (毛公鼎)、
(齊侯壺)，戰國印作 ，可見小篆之前，
折字無從手者。漢瓦文作 ，亦不從手。漢印文

---

[58] 段、嚴之說，竝見《說文解字詁林》頁 446a。
[59] 同上，頁 446b。

作 （漢折衝將軍印）者，雖仍從艸，但二中中
豎相連，似爲演變之轉捩點。漢印文作折（折衝
將軍章）、𢮜（古折東印）者則從手。[60]由此可見，
手旁是後起的，高本漢所引古字形的左邊偏旁並
不是手，也不是一雙手。

又如"賊"字，修訂本《漢文典》列舉了古
字形𢦔[61]，闡釋說："The graph has 'man',
'dagger-axe' and 'cowry' (money)."[62] ［此字从
"人"，从"戈"， 从"貝"（錢幣）。］這顯
然是一個錯誤。"賊"字小篆作賊，《說文》解釋
說："賊，敗也。从戈，則聲。"[63]高本漢所舉古
字形𢦔正是从戈則聲，只不過把"則"反書而
已，這一點王國維國維（1877-1927）早已指出來
了。[64]

---

[60] 參拙著《讀王筠〈說文釋例‧同部重文篇〉札記》，載《古
文字研究》第 17 輯，頁 371-372。

[61] Karlgren, "Grammata Serica Recensa", p.241.

[62] Ibid., p.240.

[63] 《說文解字》頁 266。

[64] 見《海寧王靜安先生遺書》（長沙：商務印書館，1940）第
16 冊《觀堂古金文考釋（㦢從鬲）》。

　　以上兩個例子，“折”字弄錯了義符，“賊”字把形聲字說成會意字。高本漢大概忘記了“賊”字的本義是賊害，而被“賊”字的今義蒙蔽了。今天的盜賊，的確以搶錢爲主，於是高氏把他所舉的“賊”字古字形解釋錯了。高氏是外國人，而且不是文字學專家，研究漢字形義，一時糊塗在所難免，這是比較容易諒解的。

　　可是，作爲音韻學專家，把文字的聲符也弄錯了，便令人感到奇怪。例如“牡”字，修訂本《漢文典》列舉了 牡 牡 等古字形[65]，闡釋說："The graph has 'ox' and the phallic-shaped pole of the earth-altar (see Gr.62)."[66] [此字从“牛”，其旁爲祭壇上男性生殖器狀的柱子。] Gr.62 下則列舉了 土 土 土 等字形[67]，釋義爲 "soil, earth, land"[68] [泥土，土地]，又說："The graph is a drawing of the phallic-shaped sacred pole of the altar of the soil."

---

[65] Karlgren, "Grammata Serica Recensa", p.274.

[66] Ibid.

[67] Ibid., p.36.

[68] Ibid.

[69] ［此字是泥土祭壇上男性生殖器形狀的聖柱的象形。］很明顯，高本漢認爲"牡"字右邊偏旁是"土"，這和《說文》的說解是一致的。《說文》說："牡，畜父也。从牛，土聲。"[70]由於"土"和"牡"在古音有一定的距離，段玉裁早已在《說文解字注》"牡"字說解"从牛，土聲"下指出：

> 按土聲求之，疊韵、雙聲皆非是。……或曰土當作士。士者，夫也。之韵、尤韵合音最近，从士則爲會意兼形聲。[71]

王國維則根據"牡"字的甲骨文，印證了段氏之說。王氏說：

> 案牡，古音在尤部，與土聲遠隔。卜辭牡字皆从⊥，⊥，古士字。……古音士在之部，牡在尤部，之、尤二部音最相近。牡从士聲，形聲兼會意也；士者、男子之稱。[72]

---

[69] Ibid.

[70] 《說文解字》頁 29。

[71] 《說文解字詁林》頁 518b。

[72] 《觀堂集林》（烏程蔣氏密韻樓，1923）卷 6 頁 14a,b。

高本漢生於段、王二氏之後，但他卻好像完全沒
有注意到他們的説法。

又如"寺"字，修訂本《漢文典》列舉了 ꙮ
等古字形[73]，並且説："In the modern character
the phonetic 止 (quite clear in the archaic graph)
has been corrupted into 士."[74] [現代字形中聲符
"止"（在古字形中相當清楚）訛作"士"。] 很
明顯，高本漢認爲他所引"寺"字古字形的上半
是"止"字。不過，他卻弄錯了。根據《説文解
字》，"寺"字是"从寸之聲"[75]；《金文編》也把
"寺"字古字形的上半定爲"之"[76]。"之"、
"止"二字，上古音差不多相同，而且高本漢所
引"寺"字古字形的上半也的確像"止"字，高
氏誤以爲"止"，也是比較可以諒解的。在修訂
本《漢文典》中，把聲符弄錯的例子並不多。

以上所舉高本漢分析文字結構所犯的錯誤，

---

[73] Karlgren, "Grammata Serica Recensa", p.254.

[74] Ibid., p.253.

[75] 《説文解字》頁 67。

[76] 參《金文編》頁 414-416。

是比較容易理解的。但有個別情況，卻不知高氏
所本。例如"朱"字，修訂本《漢文典》列舉了
米等字形[77]，闡釋說："The graph shows a 'tree'
with the stem marked by a stroke or a dot: a tree
from the stem of which is drawn some red
pigment." [78] [此字像樹幹上標有一劃或一點：樹
幹塗有紅色顏料。]"朱"字小篆作米，《說文解
字》說："米，赤心木。松柏屬。从木，一在其
中。"[79]意思是說："朱"是松柏一類赤心樹木，
其字从木，一在其中，所以指樹木赤心之處。郭
沫若則認爲"朱"是"株"的初文，郭氏說：

> 余謂朱乃株之初文，與本末同意。株之言
> 柱也，言木之幹。故杖謂之殳，擊鼓杖謂
> 之枹，門軸謂之樞，柱上枡謂之櫨，均一
> 音之通轉也。段玉裁云："《莊》《列》
> 皆有'厥株駒'，株、今俗語云椿"椿亦
> 柱也。今金文於木中作圓點以示其處，乃
> 指事字之一佳例。其作一橫者乃圓點之演

---

[77] Karlgren, "Grammata Serica Recensa", p.54.

[78] Ibid., p.53.

[79] 《說文解字》頁 118。

變。[80]

對於郭氏之說，張日昇、李孝定（1918-1997）均
表示同意[81]。高本漢的說法比較接近《說文》，不
過，"a tree from the stem of which is drawn some
red pigment"，卻實在不知所本，可能是對《說
文》的一種誤解。

　　此外，修訂本《漢文典》"凷"下說："the Pek.
reading ought to be k'uei, but it is read k'uai
through confusion with 塊, with which it is cognate
but not identical"[82] [北京音應讀 k'uei，但因與
"塊"字相混而讀作 k'uai。這兩字同源，但不全
同。] 根據《說文解字》，"凷"、"塊"是同一
個字。[83]修訂本《漢文典》所云，不知有何根據？

---

[80] 見《金文叢攷》（北京：人民出版社，1954 年 6 月北京第 1
　　版）頁 222a-b。

[81] 見《金文詁林》（香港：香港中文大學，1974）頁 3725 及
　　《金文詁林讀後記》（南港：中央研究院歷史語言研究所，
　　1982 年 6 月初版）頁 229。

[82] Karlgren, "Grammata Serica Recensa", p.13.

[83] 參《說文解字詁林》頁 6104a-b。

　　有些時候，修訂本《漢文典》釋義稍嫌籠統
而不夠精細。例如“睡”字，修訂本《漢文典》
釋爲“sleep”[84]。案：《說文解字》說：“睡，坐
寐也。从目垂。”[85]因此“睡”字釋爲“take a
nap”，似較“sleep”精確。

　　分析文字的關係，往往有助於讀者對文字的
理解。修訂本《漢文典》在這方面不是沒有做，
但做得不夠，而且往往有誤釋的情況。

　　修訂本《漢文典》在“各”字下列舉了 　　
等字形[86]，闡釋說：“The graph has ‘foot’ and
‘mouth’, possibly being the primary graph for x
below.”[87] [此字有“腳”與“口”，也許是下列 x
之初文。] 此處 x 指“佫”字，說“各”爲“佫”
之初文，是正確的，不過，說 　 中之 ㅂ 爲“mouth”，
卻很有問題。張日昇說：

---

[84] Karlgren, “Grammata Serica Recensa”, p.27.

[85] 見《說文解字詁林》頁 1445a。《說文解字繫傳》作“从目
　　垂聲”。段玉裁《說文解字注》：“此以會意包形聲也。”

[86] Karlgren, “Grammata Serica Recensa”, p.203.

[87] Ibid., p.202.

甲骨文出作ㅂㅂㅂ諸形，正足與各作ㅂㅂ
祒相比較。古人穴居，ㅂㅂ正象其居所。
足背穴，乃離家外出之象；足向穴，乃自
外臨至之象。[88]

　　高本漢對"各"字字形的分析，雖不完全正
確，但總算說出了"各"和"袼"的關係。修訂
本《漢文典》能夠正確道出文字間關係的情況並
不多，許多本來可以輕易指出的關係，修訂本《漢
文典》中往往付諸闕如。例如"然"和"燃"，
高本漢都釋作"burn"[89] [燃燒]，但卻沒有指出兩
字的關係。案："然"字小篆作然，《說文解字》
說："然，燒也。从火，肰聲。"[90]徐鉉說："今
俗別作燃，蓋後人增加。"[91]由於"然"字用為
虛詞，而一般人也不知道隸書、楷書"然"字底
下的四點是"火"，於是出現了从火然聲的俗體
"燃"，是一個後起的分別文。

---

[88] 見《金文詁林》頁 699。

[89] Karlgren, "Grammata Serica Recensa", p.73.

[90] 《說文解字》頁 207。

[91] 同上。

又如“原”和“源”，修訂本《漢文典》都釋作“spring, source”[92][泉，源]，但卻沒有指出兩字的關係。案：“原”字篆文作厡，《說文解字》說：“厵，水泉本也。从灥出厂下。厡，篆文从泉。”[93]徐鉉說：“今俗別作源，非是。”[94]由於“原”字後來常常用作平原字，而“原”字中的“泉”字部分又不顯，於是出現了 水原聲的俗體“源”，也是一個後起的分別文。

有些時候，修訂本《漢文典》更把文字間的關係弄錯了。例如“垂”字，修訂本《漢文典》說：“hang down ……”[垂下……] 又說：“loan for b. border ……”[95][假借作 b，邊疆……] b 指“陲”字。案：根據《說文解字》，作“hang down”解的當是𠂹字，《說文解字》說：“𠂹，艸木華葉𠂹。象形。”[96]段玉裁《說文解字注》說：“引

[92] Karlgren, “Grammata Serica Recensa”, p.83.

[93] 《說文解字》頁 239。

[94] 同上，頁 239-240。

[95] Karlgren, “Grammata Serica Recensa”, p.27.

[96] 《說文解字詁林》頁 2695b。

伸爲凡下垂之偁，今字垂行而垂廢矣。"[97]那就
是說，作"下垂"解，是借"垂"爲"垂"。至
於"垂"字，小篆作垂，本義是"邊垂"，《說
文解字》說："垂，遠邊也。从土，垂聲。"[98]
段玉裁《說文解字注》說："垂本謂遠邊，引申
之凡邊皆曰垂。俗書邊垂字作陲，乃由用垂爲
垂不得不用陲爲垂矣。𨸏部曰：'陲，危也'，
則無邊義。"[99]高本漢以"hang down"釋垂，又
以古籍作"邊垂"者爲"陲"之假借，是將關係
弄錯了。

又如"剪"字，修訂本《漢文典》說："vulgar
variant of the preceding"[100] [前一字的俗體。] 修
訂本《漢文典》中"剪"字的前一字是"翦"。
高本漢以"clip……cut……"[剪……剪除……]
等義釋"翦"[101]；可是，只要翻開《說文解字》，

---

[97] 《說文解字詁林》頁 2696a。

[98] 《說文解字》頁 289。

[99] 《說文解字詁林》頁 6170。

[100] Karlgren, "Grammata Serica Recensa", p.79.

[101] Ibid.

就可看到“翦”之本義爲“羽生”[102]。
“Clip……cut……”等義的本字是“前”，“前”
小篆作歬，《說文解字》說：“歬，齊斷也。从
刀，歬聲。”[103] 王筠《說文解字句讀》說：“《釋
言》：‘翦，齊也。’借翦爲歬也。《閟宮》：‘實
始翦商。’傳：‘翦，齊也。’《既夕禮》：‘馬
不齊髦。’注：‘齊，剪也。’剪則歬之俗字也。”
[104] 可是，修訂本《漢文典》中“前”只有“before
…… precede …… advance …… former”[105] [前
面……前導……預先……從前] 等義，由此可見，
從文字學的角度來看，修訂本《漢文典》對“前”、
“翦”、“剪”等字的關係，也分析得不對。

　　高本漢是西方名高一代的學者，修訂本《漢
文典》是當代西方漢學界仍須參考的重要工具
書，不過，草創不易，從上文可見，高氏書中仍
有不少缺點，如果有人在高書的基礎上，編制一
本完善的有關漢字和古漢語詞義的工具書，那實

---

[102] 《說文解字》頁 75。

[103] 同上，頁 91。

[104] 《說文解字詁林》頁 1829b。

[105] Karlgren, "Grammata Serica Recensa", p.79.

在是筆者的厚望。

後記：高本漢是瑞典人，而名爲“本漢”，在他
的身上，以及他所研究的中國學術，充份體現出
東西方文化的結合。他根據中國傳統韻書和韻
圖，利用西方歷史語音學及其親自調查所得的漢
語方言資料，構擬出古漢語的音值，誠爲冠絕一
代的承傳與創新；高氏繼承了清代的樸學，有系
統地研究漢字和古漢語詞義，當然也是一項非常
重要的承傳與創新。修訂本《漢文典》是高氏於
上述兩方面努力的結晶品，其於東西方學術研究
承傳與創新的意義，自不待言。這是筆者以〈高
本漢修訂本《漢文典》管窺〉爲題，在這次東西
方文化承傳與創新學術研討會中向大會作報告的
原因。

《漢語大字典》
古文字釋義辨正

　　《漢語大字典》是一部以解釋漢字的形、
音、義爲主要任務的大型語文工具書。它注重
形音義的密切配合，盡可能歷史地、正確地反
映漢字形音義的發展。在字形方面，於楷書單
字條目下收列了能夠反映形體演變關係的、有
代表性的甲骨文、金文、小篆和隸書形體，並
簡要說明其結構的演變[1]。在字形說解中，《漢
語大字典》大量利用了近人或今人的研究成果，
如王國維、羅振玉、郭沫若、朱芳圃、于省吾、
商承祚、楊樹達、容庚等人在古文字研究方面
所作出的新的探索，都受到編撰者的重視。編
撰者不只是直接引用成說，還用簡明扼要的語
言，編寫了一些頗爲精當的按語。這些按語反
映了古文字學的研究成果，具有很高的學術價

---

[1] 參《漢語大字典‧前言》（湖北辭書出版社、四川辭書出
　　版社，1986）頁 1。

值和實用價值。[2]

　　不過，千慮一失，大醇小疵，在所難免，《漢語大字典》在古文字釋義方面，還有一些可議之處，加以指出，相信對《漢語大字典》將來的修訂，會有一定的幫助。

　　上文提到，《漢語大字典》收列了能夠反映形體演變關係的、有代表性的甲骨文和金文。不過，仍有一些漏載的情況，如"元"字下列載ㄅ（前 4.32.4）、ㄢ（粹 1303）、ㄒ（鐵 45.3）、

---

[2] 參何九盈《語文建設的一項重要成果——〈漢語大字典〉第一卷述評》，《中國圖書評論》1987 年第 3 期，頁 64-65。另參曹先擢《源流並重，博大精深——談〈漢語大字典〉的特色》，《漢語大字典論文集》（湖北辭書出版社、四川辭書出版社，1990），頁 36-38；王寧、王海棻、鄒曉麗《論字典的文字意識與漢字字形的優選》，《漢語大字典論文集》，頁 54-56；王伯熙《獨特的文字與獨特的字典》，《漢語大字典論文集》，頁 70-73；黃孝德《從〈康熙字典〉到〈漢語大字典〉》，《辭書研究》1990 年第 5 期，頁 6-9；夏淥《文字形義學的新發展——關於〈漢語大字典〉字形部分的初步評估》，《辭書研究》1990 年第 5 期，頁 19-27；何金松《〈漢語大字典〉與甲骨卜辭》，《辭書研究》1992 年第 3 期，頁 72-78。

元（師虎簋）、元（王孫誥鐘）、丆（蔡侯尊）[3]等
字形，其下引述高鴻縉《中國字例》說："元、
兀一字，意爲人之首也。名詞。從人，而以'•'
或'二'指明其部位，正指其處，故爲指事字。"
其實，要與高氏的說解配合，更好地說明"元"
字的本義，應列載元[4]這一"元"字金文字形，
這樣，高氏說解中的"•"才有着落，而且，
"•"也比較像人的頭。

　　又如"中"字，《漢語大字典》列載了中（前
1.6.1）、中（甲398）、中（粹1218）、中（克鼎）、
中（兮仲簋）、中（頌鼎）、中（侯馬盟書）、中（中
山王鼎）、中（三體石經•無逸）等字形，其下
引述《說文》的說解："中，內也。從口、｜，
上下通。中，古文中。中，籀文中。"[5]《說文》
的說解，在今天看來，已經難愜人意。唐蘭
（1901-1979）認爲甲骨文的中（前5.6.1）、中（簋

---

[3] 見《漢語大字典》頁264。

[4] 見《金文編》（北京：科學出版社，1959）頁1。

[5] 見《漢語大字典》頁28。按：《漢語大字典》所列載的
　　《說文》古文和籀文，字形並不準確，本應作中、中（見
　　《說文解字》〔香港：中華書局，1977年5月重印〕頁14）。

天 10）都是"中"字，唐氏說：

> 卜辭言"䖒不雉眾"者……余覩此片，
> 恍然悟䖒必中字，蓋自上讀之，凡存五
> 辭，一、三、五辭同，二曰："ナ不鴉
> 眾"，四曰："䖒不鴉眾"，五辭下缺，
> 以意度之，當有第六辭，曰："右不鴉
> 眾"，無疑。左中右三者相次也。……
> 中本旂旗之類也。……其字亦以 形為最
> 古。凡垂直之線，中間恆加一點，雙鉤
> 寫之，因為 眾 形，而 形盛行，由以
> 省變，遂為 中 形矣。《說文》作 三形，
> 中即 中 之小變，屮為 中 之訛， 為 之
> 訛。……中為旂旗旄之屬，何由得為中
> 間之義乎？……余謂中者最初為氏族社
> 會中之徽幟，……古時用以集眾……蓋
> 古者有大事，聚眾於曠地，先建中焉，
> 群眾望見中而趨附，群眾來自四方，則
> 建中之地為中央矣。……然則中本徽幟，
> 而其所立之地，恆為中央，遂引申為中
> 央之義，因更引申為一切之中。[6]

───────────────

[6] 見《殷虛文字記》（出版年地缺，自序於 1934 年）頁

唐氏的解釋，已廣泛得到文字學家的接納[7]。此
外，《金文編》收有 𡪄、𡪄 等字[8]，在《漢語大字
典》中也付諸闕如。

又如"示"字，《漢語大字典》列載了 𥘆（前
2.38.2）、𠄑（甲 282）、𠄑（後上 1.2）等字形，
其下加按語說：

> 《說文》："示，天垂象，見吉凶，所以
> 示人也。從二；三垂，日、月、星也。
> 觀乎天文以察時變，示，神事也。兀，
> 古文示。"按：甲骨文字形代表地祇。《說
> 文》爲引申義。[9]

《漢語大字典》所列載甲骨文"示"字字
形頗有遺漏，根據徐中舒（1918-1991）《甲骨

37a-41a。

[7] 參《甲骨文字集釋》頁 170 及徐中舒《甲骨文字典》（成
都：四川辭書出版社，1988）頁 39-40。

[8] 見《金文編》頁 25。

[9] 見《漢語大字典》頁 2385。按：《漢語大字典》所列載
《說文》"示"字古文，字形並不準確，本應作𤔔（見《說
文解字》頁 7）。

文字典》，甲骨文"示"字作下列諸形[10]：

一期：⚎（乙 8670）、⚏（綜圖 21.2）、⚍
（京 1918）、⚎（遺 628）、⚎（乙
7617）、⚎（後上 28.11）、⚎（人 2982）

二期：⚎（京 3297）

三期：⚎（佚 114）

四期：⚎（甲 742）、⚎（合集 34075）

五期：⚎（粹 121）

周甲：⚎（探論 209）、⚎（探論 164）

筆者嘗撰〈說"示"〉[11]一文，結論是示象神主
說比較合理，《漢語大字典》"示"字甲骨文字
形代表地祇之說，似乎有商榷之餘地。

有些字的字形，雖然沒有在甲骨文中獨立
出現，卻出現於偏旁。即使作爲偏旁，古文字
學家的研究，可以增加我們對這些字的認識，《漢
語大字典》沒有加以利用，未免可惜。例如"士"

---

[10] 見《甲骨文字典》頁 10-11。

[11] 見《第二屆國際中國古文字學研討會論文集續編》（香
港中文大學中國語言及文學系，1995）頁 95-118。

字，《漢語大字典》列載了金文**土**（鳥吱尊）、
土（貉子卣）、**⊥**（子璋鐘）等字形，其下引
述《說文》的說解：﹁士，事也。數始於一，
終於十。從一，從十。孔子曰：'推十合一爲
士。'﹂[12]孔子之意，殆謂士君子之道由博返約。
可是，士爲士女之士實遠在士君子之士以前。[13]
﹁士﹂字在甲骨文中沒有獨立出現。甲骨文
﹁牡﹂作 (前 1.20.5)[14]，王國維（1877-1927）
說：

> 《說文》：﹁牡、畜父也。從牛，土聲。﹂
> 案牡古音在尤部，與土聲遠隔。卜辭牡
> 字皆從**⊥**，**⊥**、古士字。……古音士在
> 之部，牡在尤部，之、尤二部音最相近。
> 牡從士聲，形聲兼會意也；士者，男子
> 之稱。[15]

---

[12] 《漢語大字典》頁 416。

[13] 參《甲骨文字研究》（香港：中華書局，1976 年 5 月港
版）頁 10b。此書初印於 1931 年。

[14] 見《甲骨文編》（香港：中華書局，1978 年 2 月港初版）
頁 33。

[15] 《觀堂集林》（烏程蔣氏密樓，1923）卷 6 頁 13。

郭沫若（1892-1978）、馬叙倫（1884-1970）、
屈萬里（1907-1979）、李孝定（1918-1997）等
均認爲⊥爲牡器之象形[16]，此一意見現已得到絕
大部分文字學家的認同，而《漢語大字典》竟
付諸闕如，未免令人感到意外。

　　又如"彳"字，在甲骨文中沒有獨立出現，
不過，"彳"是"行"的一部分，從甲骨文
"行"字可以探知"彳"的本義，《漢語大字
典》完全沒有加以利用，也未免令人感到可惜。
"行"字甲骨文作𡘙（後 2.2.12）[17]，象道路之
形。根據甲骨文的"行"字，我們可以知道
"彳"字甲骨文作𠃌，也是象道路之形。《漢語
大字典》完全沒有利用這些資料，"彳"下但
引小篆𢒞和引述《說文》的說解："彳，小步也。
象人脛三屬相連也。"[18]這當然不能反映"彳"
字的本義。

---

[16] 參《甲骨文字集釋》（臺北：中央研究院歷史語言研究
　　所，1970 年 10 月再版）頁 159-160。

[17] 見《甲骨文編》頁 81。

[18] 見《漢語大字典》頁 811。

　　有些字的古文字字形，《漢語大字典》雖然
大致齊備，但釋義卻不理想，例如“王”字，《漢
語大字典》列載了 $\dot{\bar{\wedge}}$（佚 386）、$\overline{\underline{\Delta}}$（甲 426）、
$\overline{\underline{\Xi}}$（佚 427）、$\overline{\underline{\bf I}}$（大豐簋）、$\overline{\underline{\bf I}}$（利簋）、$\overline{\underline{\bf I}}$（頌
簋）等字形，其下引述《說文》的說解：

　　　　王，天下所歸往也。董仲舒曰：“古之
　　　　造文者，三畫而連其中謂之王。三者，
　　　　天、地、人也；而參通之者，王也。”
　　　　孔子曰：‘一貫三為王。’ $\bar{\mathrm{H}}$，古文王。
　　　　[19]

其實，《說文》的說解，乃根據小篆字形為說；
甲骨文中“王”字字形作 $\dot{\bar{\wedge}}$ 者甚多，可見“三畫
而連其中謂之王”、“一貫三為王”等說，實
不足據。“王”字本象斧鉞之說，現已普遍為
文字學家所接受[20]，《漢語大字典》當斟酌訂正。

---

[19] 見《漢語大字典》頁 1099。按：《漢語大字典》所列載
　　的《說文》“王”字古文，字形並不準確，本應作 $\bar{\mathrm{H}}$（見
　　《說文解字》頁 9）。
[20] 參拙著〈王字本義平議〉，《中國語文論稿》（香港：現
　　代教育研究社，1988），頁 119-126；另參《甲骨文字詁

　　又如"皇"字,《漢語大字典》列載了𝕌(作
冊大鼎)、𝕌(召卣)、𝕌(盦皇父匜)、𝕌(秦公
簋)、𝕌(欒書缶)、𝕌(陳肪簋)等字形,其下
加按語說:

　　　《說文》:"皇,大也。從自,自,始也,
　　　始皇者,三皇大君也。自,讀若鼻,今
　　　俗以始生子爲鼻子。"吳大澂《古籀補》:
　　　"皇,大也。日出土則光大,日爲君象,
　　　故三皇稱皇。"朱芳圃《殷周文字釋叢》:
　　　"皇即煌之本字。"按:皇象王著冠冕
　　　形。[21]

　　《漢語大字典》說"皇象王著冠冕形",乃採
取徐中舒、郭沫若的說法。[22]不過,金文中"皇"
字只有美大義,而無帝王義,"王"字也本非
象帝王端拱而坐;再看金文各"皇"字,說它

　　　林》(北京:中華書局,1996)頁 3278。
[21] 見《漢語大字典》頁 2645-2646。
[22] 徐中舒說見《士王皇三字之探原》,《中央研究院歷史語
　　　言研究所集刊》第四本第四分頁 442-443;郭沫若說見
　　　《長安張家坡銅器群》(北京:文物出版社,1965)頁 5。

們象王戴冠冕形，實在並不太像。因此，徐、
郭二氏的說法說服力並不強。依筆者看來，金
文"皇"字上半可能象用羽毛做的頭飾或有羽
飾的冠冕，下半的"王"字則可能是一個聲符。
[23]《漢語大字典》修訂時似可斟酌。

　　又如"不"字，《漢語大字典》列載了（戩
15.2）、（佚 54）、（甲 1565）、（大豐簋）、
（虢季子白盤）、（矦馬盟書）等字形，其
下加按語說：

　　　《說文》："不，鳥飛上翔不下來也。從
　　　一，一猶天也。象形。"王國維《觀堂
　　　集林》："不者，柎也。"高鴻縉《中國
　　　字例》："羅振玉曰：'象花不形，花不
　　　爲不之本義。' ……不，原意爲鄂足，
　　　象形字，名詞。後借用爲否定副詞，日
　　　久而爲借意所專，乃另造柎字以還其
　　　原。"[24]

---

[23] 參拙著〈說皇〉，見《古文字研究》第十輯頁 70-77。
[24] 見《漢語大字典》頁 11。

按“不”字甲骨文作𣎴（乙 8685 反）、𣎴（鐵 3.2）、
𣎴（鐵 7.1）、𣎴（鐵 119.2）、𣎴（佚 54）、𣎴（存
下 160）、𣎴（後 1.16.11）、𣎴（乙 9094）、𣎴（拾
5.10）、𣎴（戩 15.2）、𣎴（戩 15.4）、𣎴（戩 48.1）、
𣎴（佚 215）、𣎴（佚 230）、𣎴　　　𣎴（佚 897）、
𣎴（粹 899）、𣎴（甲 2363）、𣎴（甲 2382）、𣎴（乙
3400）、𣎴（鐵 11.2）、𣎴（鐵 107.3）、𣎴（前 4.35.3）、
𣎴（甲 1565）、𣎴（粹 1004）、𣎴（後 1.32.10）
諸形[25]，疑其中首 24 字字形較爲近古。郭沫若
《甲骨文字研究》說：

> 王國維曰：“帝者蒂也，
> 不者柎也，古
> 文或作𣎴𣎴，但象花萼全形……”（見《觀
> 堂集林》卷六《釋天》）……王謂象花萼
> 全形者，是也。分析而言之，其 ▽ 若
> ▽ 象子房，⊢⊣ 象萼，⼈ 象花蕊之雌
> 雄。以“不”爲柎，說始於鄭玄。《小雅‧
> 常棣》：“常棣之花，鄂不韡韡。”《箋》
> 云：“承華者曰鄂。不當作柎，柎、鄂
> 足也。古音不、柎同。”王謂“不”直
> 是柎，較鄭玄更進一境，然謂與帝同象

---

[25] 見《甲骨文編》頁 461-462。

萼之全形，事未盡然。余謂"不"者房
也，象子房猶帶餘蕊，與帝之異在非全
形。房熟則盛大，故"不"引申爲丕。
其用爲"不是"字者迺假借也。[26]

李孝定《甲骨文字集釋》說：

王國維氏取《小雅》鄭箋之說，謂"不"
即柎，其說至塙；郭說尤精當，或作️者，
但象殘蕊萎敗之狀。[27]

根據李氏之說，以"不"字本義爲花柎，似爲
定論。但細察甲骨文"不"字字形，似不象花
柎。郭、李二氏之說，皆有可商之處：（一）如
果真的像郭氏所說，️象花蕊之雌雄，何以
"不"字中之花蕊皆倒懸而位於子房之下？
（二）甲骨文中"不"字多作️、️之形。果如
李氏所言，️象萎敗之殘蕊，則甲骨文中"不"
字之花蕊，何以呈萎敗之狀者，竟較作壯盛之
形爲多？（三）《山海經·西山經》："淵有木

---

[26] 見《甲骨文字研究》頁 17-18。

[27] 見《甲骨文字集釋》頁 3497。

焉，圓葉而白柎。"郭璞注："今江東人呼草
木子房為柎，音府。一曰：柎，花下鄂。"[28]郭
沫若說："余謂'不'者房也。"柎為草木子
房抑鄂足，姑且不論；但甲骨文"不"字有但
作𣎳，全無子房或鄂足形者，似不可解。今考
"耑"字甲骨文有作𣎴（前 4.42.1）、𣎴（前
4.42.2）、𣎴（後 2.7.3）、𣎴（京津 4359）者；《說
文解字》七篇下說："耑，物初生之題也。上
象生形，下象其根也。"[29]甲骨文"耑"字下半
所象之根，與甲骨文"不"字下半頗相似，
"不"字之本義為植物之根[30]，現已為文字學家
所普遍接受。[31]

　　又如"前"字，《漢語大字典》列載了𣥂（佚
698）、𣥂（粹 382）、𣥂（瘐編鐘）、𣥂（兮仲鐘）、
𣥂（三體石經·君奭）、𣥂（說文·止部）、𣥂（說

[28] 《古今逸史》第六冊（《山海經》）（臺北：商務印書館，
1969）卷 2 頁 8 下。

[29] 《說文解字》頁 3196a。

[30] 參拙著〈"不"字本義為花柎說貿疑〉，載《中國語文研
究》第 5 期，1984。

[31] 參《甲骨文字詁林》頁 2510-2511。

文‧刀部）、𣦃（五十二病方 236）、𣦡（老子甲
63）等字形，其下加按語說：

> 《說文》："𣦃，不行而進謂之𣦃。從止
> 在舟上。"段玉裁注："後人以齊斷之
> 前爲𣦃後字，又以羽生之翦爲前齊字。"
> [32]

根據《說文》，"𣦃"即今日之前後字，"前"
即今日之剪齊字。《漢語大字典》所引的第一個
甲骨文𣥂，李孝定認爲"從止在盤中，乃洗足
之意"，第二個甲骨文𣥂才是前進的本字[33]。《漢
語大字典》所載字形和按語，似覺籠統，未能
反映全貌。

又如"凵"字，《漢語大字典》解釋說：

> 《說文》："凵，張口也。象形。"朱駿
> 聲《通訓定聲》："一說坎也，塹也。象
> 地穿。凶字從此。"楊樹達《積微居小

---

[32] 見《漢語大字典》頁 248。
[33] 詳見《甲骨文字集釋》頁 452。

學述林》：“凵，象坎陷之形，乃坎之初
文。”[34]

“張口”和“坎陷”有甚麼關係？《漢語
大字典》似未能清楚說明。其實，清末的饒炯，
在《說文解字部首訂》中，已把兩者的關係說
清楚，饒氏說：

> ∪、……此即古文口字……篆讀口犯切，
> 可疑。按其音，則∪又當爲坎之古文，
> 象地穿形者。沿篆與人口之凵無別……
> 後人不知，竄亂說解，存人口之說形，
> 坿地坎之本音，各不相蒙。而偏旁猶有
> 可辨者，如ㄓ爲古文齒……則知其凵從
> 口凵爲義；臼爲掘地，凶象地穿……則
> 知其凵從地穿爲義。[35]

由以上例子可見，《漢語大字典》在古文字
釋義方面，仍未盡善，雖爲大醇小疵，將來修
訂時仍須注意。

---

[34] 見《漢語大字典》頁 306。
[35] 見《說文解字詁林》頁 656b。

後記

　　本集所收七篇文章，《讀王筠〈說文釋例・同部重文篇〉札記》曾刊載於《古文字研究》第 17 輯；《〈說文釋例〉有關籀文、或體、俗體諸篇之研究》曾刊於《香港中國語文學會專刊》第一本；《多體形聲字窺管》曾載於《中國語文研究》第 10 期；《清代 "說文家" 通假說斠詮》曾刊於高雄中山大學中國文學系出版之《第一屆國際清代學術研討會論文集》；《章炳麟〈小學答問・序〉評朱駿聲語管窺》曾發表於高雄中山大學出版之《第一屆國際暨第三屆全國訓詁學學術研討會論文集》，其後重載於文史哲出版社出版之《訓詁論叢》；《高本漢修訂本〈漢文典〉管窺》曾於新加坡大學與香港大學聯合舉辦之東西方文化承傳與創新國際學術研討會中宣讀；《〈漢語大字典〉古文字釋義辨正》則曾宣讀於上海語文學會與香港中國語文學會合辦之"面向 21 世紀中國語文"學術討論會。

　　本書承文史哲出版社印行，北京清華大學中國思想文化研究所所長李學勤教授賜序，臺灣師範大學丁善雄教授、香港大學同事鄺美蘭女史，以及許子濱、陳以信、郭必之、蕭敬偉、潘漢芳諸位同學協助出版，銘感良深，謹此誌謝。

單周堯

二〇〇〇年二月於香港大學